一本就懂日本戰國

日本史達人帶您縱覽戰國

洪維揚◎著

目錄

序章 蒼天已死，萬民為芻狗

第一章 風暴（嵐）世紀

第二章 將星並起

目錄

序章

蒼天已死，萬民為芻狗

戰國時代與先前時代的差異

何時是日本戰國之始？

戰國之鑰

戰國時代開端觀點演變

舊觀點

應仁之亂（一四六七年）

←

應仁之亂後幕府仍可重建統治

現代觀點

明應政變（一四九三年）

←

幕府權威崩解↓下剋上時代開啟

↓戰國時代開始

應仁之亂不再是戰國時代的開端

近來日本學界對於戰國時代的開端已有共識，不再視應仁之亂為戰國之序幕，是因「……應仁之亂結束後，幕府重建自身統治的工作有所進展。幕府權威徹底喪失是在明應二年（一四九三）的明應政變後，這是研究此一時期的學者們一致認可的結論。如果讓他們表示意見，則明應政變才是戰國時代的開始。」（吳座勇一，《應仁之亂》）。

以往認為應仁之亂的起因在於將軍家繼承權的紛爭（原本八代將軍足利義政命異母弟義尋還俗作為繼承人（還俗後改名義視），之後義政之正室日野富子生下長男義尚。不甘無法登上將軍的義尚之母富子拉攏有力守護大名山名宗全為後台，而還俗的義尋則以管領細川勝元為靠山）。

但現在學術界普遍認定應

仁之亂主因在於三管領中畠山（畠〔音田〕山政長、義就）爭奪本家金吾家，以及斯波（斯波義敏、義廉）爭奪本家武衛家的家督之爭，將軍家繼承權只是畠山、斯波兩家繼承權之爭的插曲。

雙方陣營首腦細川勝元、山名宗全在大亂之前並非處於對立局面，他們不僅是長年的盟友，後者甚至還是前者的岳父（細川勝元的繼承人政元是山名宗全的外孫）。

田中義成將室町時代分成四個時期，將第三期命名為衰退期，這一時期有足利義勝、義政、義尚、義材（又名義尹、義植）四位將軍。前後約五十四年中（一四四二—一四九五年），光八代將軍義政掌權的時間（包括在位二十五年及隱居後聽政十六年）幾乎佔去此一時期的八成，是這一時期的真正主角（換個角度來看，室町幕府的式微，義政難辭其咎）。

田中義成提到在這一時期「幕府的政令逐漸不通，征夷大將軍有職無權，實權被細川氏掌控，足利氏急劇走向衰微。不過，雖然在衰落期幕府實力不振，但征夷大將軍依然可以正當、正式地承襲職位。」

室町幕府八代將軍足利義政

征夷大將軍被任意廢立

第四期是滅亡期，這一時期從明應三年（一四九五）到天正元年（一五七三），共約八十年。田中義成是這麼描述此一時期：

「……細川政元廢黜足利義材，立足利義澄為征夷大將軍，開啟了足利時代廢立征夷大將軍的先例。此後，征夷大將軍的更迭大多源於廢立。先是大內義興討伐足利義澄，立足利義稙為征夷大將軍。然後，細川高國討伐足利義稙，立足利義晴為征夷大將軍。接著，三好長慶攻打足利義晴，隨後足利義晴病死。於是，三好長慶與足利義晴的兒子足利義輝和解，並將其立為征夷大將軍。再接著，三好氏、松永氏殺害了足利義輝，立足利義榮為征夷大將軍。……最後，織田信長又討伐足利義榮，立足利義昭為征夷大將軍。但不久，織田信長討伐足利義昭，取而代之。」（田中義成，《足利時代史》）

從筆者引用田中義成兩段內文即可發現：足利時代衰落期（包含應仁之亂後），儘管「幕府實力不振，但征夷大將軍依然可以正當、正式地承襲職位」，但到了滅亡期，征夷大將軍成為掌控權力者任意廢立的對象（亦即「下剋上」）。兩者的分水嶺即明應政變：此乃明應政變取代應仁之亂被視為戰國時代開端的理由。

●廢立頻繁的征夷大將軍（1493 年明應政變後）

細川政元	廢 義材 → 立 義澄
大內義興	廢 義澄 → 立 義稙
細川高國	廢 義稙 → 立 義晴
三好長慶	立 義輝（與其和解）
三好氏 + 松永久秀	殺 義輝 → 立 義榮
織田信長	廢 義榮 → 立 義昭 → 再廢 義昭（1573）

戰國時代的特點

戰國之鑰

下剋上

定義：下位者以政治或軍事力量超越上位者並奪取其權力，使身分秩序崩壞的行為。

時間：約一四六七年（應仁之亂）起至戰國時代。

人物：朝倉敏景、浦上氏、神保氏、尼子氏、甲斐氏、織田氏等。

「下剋上」的定義及出現原因

不少通史類書籍寫道，應仁之亂後「管領取代征夷大將軍，掌握了幕府的實權。管領的權力落在了家宰（負責管領家的事務，也稱「執事」）手中，家宰的權力又落在了部下手中……（渡邊世祐，《安土桃山時代》）」，這種情形即「下剋上」。「下剋上」可謂戰國時代的特點，也是戰國時代與室町時代或更早之前的時代最大的差異之一。

「下剋上」按字面的解釋為下位者以政治或軍事力量超越上位者並奪取其權力，使身分秩序崩壞的行為，專攻日本中世史的學者永原慶二則給出「這一時代的特徵是以露骨的行動追求最大的現實利益為基準」的解釋（永原慶二，《下剋上の時代》）。

永原慶二認為「下剋上」的典型人物是越前國人眾朝倉敏景（朝倉氏第七代當主，又名教

景、孝景，由於第十代當主也叫孝景，為避免混淆以敏景稱之），從父祖時期以來擔任越前守護斯波氏的被官（附屬於守護的國人領主），在應仁之亂期間一舉躍升為越前守護代（甚至為越前守護），被脇田晴子稱為「諸國守護代之中，飛快獲得守護職並發跡成為領國大名的人」（脇田晴子，《戰國大名》）。

為何會發生「下剋上」？

應仁之亂前，有力的守護大名如三管（管領，負責幕府政務，由足利氏庶流細川氏、斯波氏、畠山氏出任）四職（管轄足利將軍直轄領的職務，最初並無固定人選，南北朝一統後由山名、赤松、一色、京極四氏輪流出任），或雖非三管四職但身兼數國的近國守護大名（如仁木氏、土岐氏）須滯留京都，故而將領國政務委由當地具實力、聲望的地方勢力（如國人眾，也稱為國眾）代為執行（即守護代，守護代的代理則稱為小守護代），此即守護在京制度（可視為江戶時代參勤交代制度的雛形）。

下剋上代表人物
朝倉敏景

斯波、畠山、赤松、京極諸氏的下剋上

歷時超過十年的應仁之亂造成洛中（京都市上京、中京、下京等區）嚴重受損，宅邸付之一炬的上述有力守護大名率領家臣返回領國。

身為應仁之亂主力的這些守護大名在這場前所未見的漫長亂事中耗損兵力甚鉅，以至於為長年來在領國代行其職的守護代所輕，簒奪其國並將其驅逐，畠山（守護代遊佐氏、神保氏奪取）、赤松（守護代浦上氏奪取）、京極（同族尼子氏及其他勢力奪取）等應仁之亂的主角們在這種情形下失去其領國的一部份，苟延殘喘持續到戰國時代，終究被時代巨輪所淘汰。

　　而領有越前、尾張、遠江等令制國的斯波氏，因爭奪嫡系武衛家繼承資格的紛爭內耗過大，導致喪失了越前（先後為守護代甲斐氏、朝倉氏奪取）、尾張（守護代織田氏）、遠江（駿河守護今川氏）而一無所有，最後依靠曾經是家臣的織田氏的供養而逐步消失在歷史舞台，堪稱「下剋上」的最大受害者。

　　相較於畠山金吾家、斯波武衛家的家督爭奪，應仁之亂前後的細川氏本家京兆家不僅未禍起蕭牆，京兆家與典廄家、野州家、讚州家（阿波守護家）、和泉守護家（再分為和泉上守護家、和泉下守護家）、備中守護家、淡路守護家等分家間尚能齊心協力。不過，到了十六世紀初，細川氏面臨持續更久、涵蓋範圍幾乎整個畿內的繼承人之爭，不只造成京都的浩劫，也敲響家族的喪鐘，這部分留待下一章再談。

戰·國·開·講

下剋上的形成機制流程

「守護在京制度」（守護須留京都，地方政務委由守護代執行）

←「地方守護代逐漸實權化、勢力坐大」

←「應仁之亂」（十年戰亂↓守護兵力損耗、宅邸焚毀↓守護返回領國）

←「守護代簒奪領國」（地方勢力趁勢奪權）

←【下剋上】（下位者奪取上位者職權，身分秩序崩壞）

戰國大名的出現

戰國之鑰

戰國大名類型（依出身）

守護大名：今川氏、武田氏
守護代：織田氏、朝倉氏
非守護系：伊達氏、毛利氏
寺院勢力：筒井氏（興福寺眾徒）
公家出身：一條氏、北畠氏
盜國型：北條早雲、齋藤道三

戰國大名的類型

說到戰國時代一定會想到戰國大名，在談到戰國大名與守護大名的差異之前先行分析戰國大名的類型。依今谷明的見解，戰國大名可分成如下三種類型（今谷明，《戰國時期》岩波日本史第五卷）：

（一）出身守護大名

今川氏（駿河）、武田氏（甲斐）、土岐氏（美濃）、六角氏（近江）、細川氏（攝津、丹波、讚岐、土佐、阿波、和泉、淡路）、大內氏（周防、長門、豐前、筑前）、大友氏（豐後、筑後）、島津氏（薩摩、大隅、日向）。

（二）出身守護代

長尾氏（越後守護代）、朝倉氏（越前守護代）、三好氏（細川氏家臣）、織田氏（尾張守護代家臣）、尼子氏（出雲守

護代）。

（三）既不是守護大名也不是守護代

伊達（陸奧國）、後北條（伊豆國）、毛利（安藝國）、龍造寺（肥前國）。

不過，以上的分類無法概括所有戰國大名，筆者認為應再增添以下三類：

（四）有力寺院附屬勢力

大和國因曾為王朝都城（平城京）而有南都之稱，奈良時代以來以南都七大寺（興福寺、元興寺、藥師寺、東大寺、大安寺、西大寺、法隆寺，除法隆寺外皆位於今奈良市）聞名。七大寺中興福寺作為攝關家藤原氏的氏寺（鄰近的春日大社則為藤原氏的氏神，兩者關係密切）擁有龐大的寺領，雖一度與東大寺遭到炎上（治承、壽永之亂，一一八〇—八五年，也稱為源平合戰），進入鎌倉時代後興福寺擁有大和在地武士及僧兵（也稱為「眾徒」）等武力，故鎌倉、室町二幕府不設大和守護，由興福寺實質支配大和。

興福寺「眾徒」幾經演變，共可分成六支（稱為六黨），其中一

實質支配大和國的興福寺

支名為筒井氏逐漸壯大起來，應仁之亂後一枝獨秀取代興福寺，成為大和國最主要的勢力。

（五）從公家或國司演變而成

應仁之亂期間不少公卿逃離主戰場京都，到以往被他們認為的化外之地避居。大亂結束後部分公卿選擇返回京都，部分則客居在較能控制領國的守護大名居城（如大內氏的山口城、今川氏的駿府館），惟獨前關白一條教房滯留避居處土佐國幡多莊中村（高知縣四萬十市，當時為一條氏的領地）。有著前關白這一顯赫資歷，在亂事結束後本想返京的他被當地勢力挽留，推辭不得後選擇留下，是為土佐一條氏，教房次男房家為初代土佐一條氏（土佐一條氏應歸類為戰國大名或國司仍存在歧見）。

公家出身的還有北畠氏（伊勢）和姉小路氏（飛驒），與土佐一條氏並稱為「戰國三國司」。

戰·國·小·知·識

「國司」

國司是律令時代朝廷派遣統治令制國的官吏，共分四等官，分別為守、介、掾、目，不僅均由朝廷任命，且有任期限制，期滿必須返京覆命。

武家政權成立後，國司的職權為守護或守護大名取代，雖等同虛設，但國司依舊以受領名的形式存在。

（六）其他

凡不能劃入上述五類皆屬本類，有伊勢新九郎長氏（伊勢盛時、伊勢早雲庵宗瑞、北條早雲）與長井規秀（齋藤山城守利政、齋藤道三）。

伊勢新九郎長氏即前述的後北條氏，今谷明氏將其置於第三類，然而，筆者認為置於本類更為適合。

以往不論是學術界或大眾文學均認為伊勢盛時和長井規秀兩人從一無所有，使盡一切手段，終於「盜國」成為一國之主。不過，隨著研究的發現這種說法已遭推翻，伊勢盛時出自幕府政所執事伊勢氏分支備中伊勢氏，以幕府代理人的身分成功調解駿河守護今川義忠死後今川家的繼承人紛爭，之後更確保今川義忠嫡男龍王丸（之後的氏親，生母北川殿是盛時的姐姐或妹妹）繼承權，因功獲賜駿河東部的領地，開啟對鄰國伊豆的覬覦。之後趁著伊豆的內亂出兵一舉將其平定，建立長達五代近百年的霸業。

至於長井規秀，以往也認為他窮盡一代之力使美濃成為囊中之物，現在則普遍認定盜取美濃是歷經松波基宗（道三之父）、松波庄五郎（或庄九郎，道三本人）父子兩代才完成盜國。

松波基宗曾任官職左近將監（近衛府的三等官，左右近衛府各數名，亦稱左近大夫、右近大夫，唐名參軍、錄事，官位相當於六位），除了名字外其生平近乎空白，不清楚他為庄五郎的盜國鋪路到何種程度。原本只是京都賣油商的庄五郎，憑藉經商鍛鍊出的膽識及過人的才能，先後繼承西村（美濃小守護代家臣）、長井（美濃小守護代）、齋藤（美濃守護代）等苗字，權力也逐步擴大，最終驅逐傀儡美濃守護土岐賴藝自立。

●北條早雲 vs 齋藤道三

	北條早雲	齋藤道三
名字	本名伊勢盛時，通稱伊勢新九郎，出家後法號早雲庵宗瑞	幼名松波庄五郎（或庄九郎），後名長井規秀，曾稱齋藤山城守利政，法號道三
出身	幕府官僚家族（伊勢氏）	商人出身（京都賣油）
手段	協調今川家繼承、獲封土地	繼承主家地位、逐步奪權
是否獨力	有家族背景與政治資源	現在認為是父子兩代完成

室町時代守護大名領內的勢力生態

室町時代大名領國內的諸勢力

戰國大名的特色？一言以蔽之：權力絕對集中於領主（戰國大名）之手，從室町時代的守護領國制邁向戰國時代的大名領國制。

室町時代守護大名的領國內充斥國人眾、地頭、地侍、有力的寺社。另外每個令制國內存在各種莊園，如公家領（包括皇室領與公卿及中下貴族）、武家領、國衙領、寺社本所領、寺社領。

以下簡單介紹國人眾、地頭、地侍、有力的寺社等名詞。

（一）國人眾

國人眾也稱國眾，原指國衙領（律令制下國司治理地方政務之場所，也稱為國廳，其領地稱為國衙領。擁有國衙、國分寺、國分尼寺、總社等設施則稱為國府）的國民或住民，後來專指在該地土生土長的武士，亦即在地

戰國之鑰

大名領內諸勢力

國人眾：原指國衙領居民，後專指在地武士。

地頭：朝廷在國衙領與莊園設置的管理者，負責收繳年貢。

地侍：農村上層階層，也稱地士、土豪、小領主等。

有力寺社：具軍事力的寺社勢力。

莊園制度：「不輸權」（免繳租）、「不入權」（官不入內）。

領主。從簡介可看出國人眾對地方的熟悉度及掌控度高於因守護在京制度必須滯留京都的守護大名，是以當守護大名在京期間多被任命為守護代（守護的代理人或代官）或小守護代（守護代的代理人，由守護代自行任命）以代行職務。被任命為守護代的國人眾在應仁之亂期間及之後取代守護大名（如前文所述），未被任命守護代的國眾亦在應仁之亂後擴張勢力，即便沒有守護代的身分也成為一國之主。

以國人眾為主力發起的一揆（不管武士、農民或町人，地位一律平等且有同樣目標的團體），稱為「國一揆」，最有名的「國一揆」是發生於文明十七年（一四八五）十二月的山城國一揆。這場國一揆使山城國南部脫離山城守護畠山氏（包括應仁之亂雙方畠山義就和畠山政長）的控制，由國人眾自治長達八年之久（被稱為惣國，惣〔音總〕）。

（三）地頭

地頭是朝廷分散在令制國內國衙領及莊園的管理者，職責為將收到的年貢上繳朝廷。

雖然地頭的任命權由朝廷掌控，但為便宜行事，多從當地的莊官（與地頭同樣是莊園的管理者，差別在於地頭是由朝廷任命，莊官則由莊園所有者自行任命）、郡司（律令制下治理令制國各郡的地方官，由當地望族世襲）、鄉司（鄉是令制國中比郡再低一級的單位，也寫成「里」，其長官原稱「鄉長」或「里長」，後來統一改稱「鄉司」）中任命。從前文的介紹可知地頭的職權為收繳年貢，且從朝廷於當地人任命一事來看，地頭最初應該是地位、待遇皆低的差事，加上須離開京都，因此只能任用當地人。

文治元年（一一八五）十一月二十八日，已統一奧州以外各地的源賴朝，以平靖各令制國的騷亂為由，向朝廷取得在各令制國的國衙和莊園設置守護及地頭之權（「文治之敕許」）。

源賴朝取得設置守護及地

頭之權是出於平靖令制國內的騷亂（其實主因是搜捕賴朝異母弟義經及其黨羽），故此時的守護及地頭除行政、軍事、收繳年貢等原本的權限外，還增添大犯三條、維護領地秩序（即警察權）、徵收加徵米等臨時稅、動員領地內的武士等權力。

因增加上述權限使權力激增的地頭，也增添與守護或莊園領主議價的空間——每年從徵收的年貢中挪出部分做為己用，此即地頭請（挪給守護的稱為守護請）。於是地頭成為鎌倉幕府御家人極欲爭取的肥缺，承久之亂（一二二一年六月）後將在此役出力的御家人分封到在該役沒收而來的西國、鎮西之地，是為新補地頭，而原先在關東的地頭則稱為本補地頭（兩者間的權力略有出入，但差異不大）。

戰·國·小·知·識

「大犯三條」權力

一、大番催促——到京都或鎌倉輪值，賴朝定為半年。
二、謀反犯追捕。
三、殺人犯追捕。

（三）地侍

中世紀農村的上層階級，也稱為「地士」、「土豪」、「小領主」、「中世地主」、「上層名主」，與守護大名或地方國人領主締結主從關係而取得侍的身分，再以侍的身分居住村落。從上述別稱不難看出與土地——特別是耕地——有著深厚的依存關係，此為地侍與國眾的差別之一。

由於與土地有著深厚的依存關係，室町中期以後盛行的土一揆等有關土地或年貢的訴求多能見到地侍參與其中，部分土一揆如正長土一揆（一四二八年八到九月發生在近江坂本的德政一揆，是最早的德政一揆）、嘉吉德政一揆（一四四一年六到九月發生在京都及近江周邊，由地侍發起並領導將京都團團包圍，幕府被迫同意發出德政令才平息下來）、長祿土一揆（一四五七年八到十一月發生在河內國要求拆除收取通行費的關所的土一揆，旋即波及至京都，由管領細川氏編成討伐軍以武力平定）、寬正土一揆（一四五九—六一年日本發生遍及全國的飢荒，京都附近的地侍、要求發布德政令的商人及缺糧的民眾聯合起來的土一揆及德政一揆。一四六二年十月平定，首謀蓮田兵衛遭到斬首）、山城土一揆（一四八〇年九月以拆除京都市區周遭七處關所為訴求而發動的土一揆，當時應仁之亂已結束，元氣大傷的幕府無力發兵平亂，只能任由土一揆在拆除關所後自行散去）。

上述以地侍為首的土一揆及德政一揆均可見及農民參與其中，若再加入宗教信仰便成為「戰國大名最大之敵」（脇田晴子，《戰國大名》）的一向一揆。

到秀吉的時代，徹底實施兵農分離，武士從此不再從事農作，地侍也成為歷史名詞，江戶時代雖有新名詞「鄉士」，然，兩者間還是有所不同（鄉士雖不從藩主手中支領現金，但並非沒有主君的浪人；地侍基本上與守護大名締結主從關係，但絕非其家臣）。

土一揆與江戶時代層出不窮的百姓（農民之意）一揆有若干差異：前者的成員不完全是農民，後者幾乎皆為農民。前者反抗的對象包括幕府、守護大名，後者則為藩主或代官（天領），罕見直接針對幕府。前者的訴求為年貢或借金的減輕，後者則單純只有減免年貢。

（四）有力的寺社

雖不見得每個令制國都有，但多數令制國境內皆有一座以上的有力寺社。寺即寺院，社乃神

戰·國·小·知·識

「土一揆」

室町中期後因苛捐雜稅導致民眾成立組織向幕府或地方守護要求免除高額債務，若在農村，其組織稱為「惣」或「惣村」。城市中以要求幕府廢除高利貸借款為訴求的「德政一揆」，也是土一揆的一種。

社。何以寺社能威脅到守護大名的統治呢？這與寺社的寺格、社格有關。寺格、社格即寺社的地位，地位愈高愈是受到朝廷的重視，捐贈、寄進的莊園領也就愈多；莊園領愈多代表經濟實力愈充裕，也就愈有能力豢養自衛的武力（寺為僧兵，社為神人，名稱雖有不同，實則無太大差別）以防衛其他勢力的入侵。

說到寺社的武力，不少人多會想到與織田信長纏鬥近十年的本願寺顯如（本願寺派第十一世宗主）。不過，顯如所屬的淨土真宗本願寺派（又稱為無碍光宗、念佛宗、專念宗）於長享二年（一四八八）以近二十萬信徒之眾迫使加賀守護富樫政親自殺，雖然真宗擁立同族的富樫泰高為守護，但儼然如加賀國主的蓮如（顯如的高祖父，本願寺派第八世宗主，有「本願寺中興之祖」之稱），比起宗派的宗主，更像是一國的守護。

與織田信長纏鬥多年的本願寺顯如

令制國內錯縱複雜的莊園

莊園的情形與前述四種有所不同，不宜混為一談，因此另行獨立敘述。

七世紀中葉打倒蘇我氏後，朝廷立即推動新政（大化改新），新政重點之一為改私地私民制為公地公民制，為實施公地公民制必須掌控戶口及地籍，以便實施仿照中國北魏到隋唐盛行的均田制（日本稱為「班田收授法」）。然而，「班田收授法」

實行不到一世紀就先後為「三世一身法」和「墾田永年私財法」取代，公地公民制遭到破壞，日本從此進入莊園制度。

莊園制度時期（約八世紀中葉到十六世紀末），莊園的數量與名目繁多，一令制國內同時存在諸如公家領、武家領、國衙領、寺領、神領……等名稱各異的莊園：公家領是朝廷或公卿等各級貴族的莊園領；武家領是指將軍、守護等各級武士的莊園領；國衙領是指律令制下治理地方的國司之莊園領；寺領及神領（或社領）分別指寺院、神社所屬的莊園領。

不輸、不入權的取得

在漫長的莊園制度時期中，十一世紀末出現兩項重大變化：一是不輸、不入權的取得，另一是寄進地系莊園的出現。前文（地頭）提及為便於管理地方上的莊園而由朝廷任命地頭，或由莊園領主任命莊官為莊園管理者。地頭為任命自己的單位負責乃天經地義之事，然而，地頭不可能一一向朝廷負責，因此他們只須向所在的令制國國衙負責。

隨著朝廷的式微，地頭開始反抗地方國衙，除拒絕國衙官吏進入莊園外，也拒絕國衙官吏在莊園內行使司法權及警察權。已無實力的國衙對於地頭的蠻橫無能為力，此即「不入」權。之後進入武家時代，源賴朝成功向朝廷取得守護與地頭的任命權，既然俱由幕府任命，守護與地頭彼此間縱使沒有焦孟不離，也應不至於扞格不入。然而，幕府任命的地頭（不管是前文提及的本補地頭或新補地頭）皆不願放棄已到手的權力（包括「不入」權和下文即將提及的「不輸」權），因此延續平安時代地頭和國衙的對抗，並持續進入到接下來的室町時代。

另外，地頭在經濟上也取得「不輸」權（或「不輸租」權）。所謂「不輸」權是指可以免除向中央繳納田租的不輸租田的特權，不輸租田在律令時代已被朝廷允許免除繳納田租（故也稱為免田），多半用於寺田（附屬於寺院）、神田（附屬於神社）及官田（附屬於皇室或堂上公卿）上。攝關政治期間（九到十一世紀），取得不輸租田特權的田地激增，此意味著有愈來愈多的田地不需向中央繳納田租，朝廷（包括皇室和公卿）的收入也因為「不輸」權而銳減，再配合前文提及的「不入」權，十一世紀以後的莊園在政治和經濟方多獨立於朝廷控制之外。

寄進地系莊園的出現

前文提及寺院、神社、貴族公卿是不輸租田的主要成員，擁有可免除繳納田租的特權，不難想見有不少必須如實繳納田租（亦即不享有「不輸租」特權）的地主前來依附以避免朝廷徵收田租。接受依附的寺院、神社、貴族公卿被稱為「領家」，一方面他們在律令制下地位崇高（相對應的寺格、社格、家格在同類中幾乎是最高），另一方面在地方上相當於莊園的最高領主（稱為「本家」），並以此身分任命當地低級官吏或農民為莊官，賦予其徵收田租、保護莊園不受其他勢力兼併的權力。這種由擁有「不輸租」權的寺院、神社、貴族公卿充當「領家」，吸引鄰近地主或農民將其耕地寄進在寺院、神社、貴族公卿名下以躲避律令時代的稅賦（包含田租、前往京都服役以及絹布或其他雜物的租庸調），並任用當地人為莊官以管理並維護莊園安全的制度稱為「寄進地系莊園」。

寄進地系莊園亦享有不輸、不入權，與其他莊園一樣排除朝廷的介入、干涉，進入室町時代守護大名覬覦並侵吞領地內的莊園，部分被侵吞莊園的莊官成為國眾的由來之一，而未被侵吞莊園的莊官以及前述的地頭也逐漸失去獨立的地位，為守護大名所支配。

隨著室町中期以後幕府威望失墜，取代守護大名的戰國大名剝奪莊園獨立的地位將其納入家臣團。到十六世紀後半天下人豐臣秀吉推動「太閤檢地」，包括不輸、不入權與寄進地系莊園在內的莊園制度宣告覆滅。

何謂戰國大名？

戰國之鑰

戰國大名

定義：擁有實質領國支配權的大名，主從關係強、統制力高。

手段：強制家臣集中居住、送人質，制定分國法。

時間：應仁之亂後至安土桃山時代。

人物：武田信玄、毛利元就、織田信長。

戰國大名的定義

有關戰國大名的定義，三言兩語內很難清楚定義，今谷明指出以往看重的是分國法（制定確保領國內訴訟公平的法令）的有無。然而，並非所有的戰國大名皆有分國法或家法（制定戰國大名家族成員應遵守的法令），另外，擁有分國法的戰國大名如豐後大友氏、周防大內氏、下野宇都宮氏早在鎌倉時代便已訂定類似分國法的法令，是以分國法的有無難以成為戰國大名唯一或主要的依據。

相較之下，今谷明認為主從關係的強度才是關鍵所在，也是守護大名與戰國大名最大的差別。由於後者的一部份（如甲斐武田氏、今川氏、六角氏、大友氏等）是從前者演變而來，家臣團的有無或多寡並非兩者間的差別（有部分戰國大名氏從守護代或國人演變而來，這兩者亦有家臣團，真正白手起家的戰國大名屈指可數，可視為例外），而是在於對家臣團的控制度。

守護大名與戰國大名的差別

今谷明指出學術界普遍認為室町時代守護大名與家臣團的關係為「被官化」，亦即兩者之間的關係不如之後戰國時代、江戶時代來得嚴密（戰國、江戶時代家臣從主君手中領取俸祿，因此其一舉一動皆受制於主君；室町時代家臣團與主君之間僅是契約關係，有出兵、繳納田租之義務，私領域則不受主君宰制）。不僅家臣團如此，室町時代守護大名與領國內的國眾、地侍、地頭（以及其背後的國衙）及莊官也類似這層關係，這種關係雖較平安中期、鎌倉時代嚴密，卻不如之後的戰國時代、江戶時代，稱為「守護領國制」（一詞最早出自石母田正《中世的世界の形成》）。

根據「守護領國制」，守護大名在領地內除擁有前文提及的大犯三條之權外，還有刈田狼藉（可不經通報自行收割非己方領地內的稻田）、半濟給付權（幕府頒布「半濟令」明文規定守護大名可以徵收領地內莊園一半的田租，與拿取部分田租的守護請不太相同）、使節遵行權（室町初期守護奉幕命派出守護使或遵行使調解種種糾紛，等於幕府將裁決的權力下放守護大名）、闕所地給付（守護大名沒收其家臣的領地或財產之權），以及徵收段錢（指田地一段應課收的土地稅，作為天皇即位、整修內裡、寺社造營或將軍宣下等重要事項，由幕府向守護大名下令臨時徵收的稅金，由於徵收的是現金，之後成為固定的稅源）、棟別錢（鎌倉時代至戰國時代依家屋的棟數而徵收的臨時性房屋稅，與段錢一樣後來皆成為固定稅源，也與段錢同為幕府後期的主要財源）等六項鎌倉時代的守護不完全具有的權力，此為室町時代稱守護大名而不沿用守護的理由（兩者的權限不可同日而語）。

「守護領國制」與「大名領國

制」

上述國眾、地侍、地頭，甚至部分莊官等在室町時代與守護大名為被官化關係的勢力，到了戰國時代被戰國大名收編為家臣，並且進一步強化君臣關係。以下列舉今谷明著作中的兩段內容說明守護大名與戰國大名的差異，讀者應能看出兩者對家臣統御上的差異。

戰國大名毛利元就

弘治三年（一五五七）正月，為期十日的毛利家家臣朝賀大會風光的在吉田郡山城展開。初一由譜代嫡系向城主毛利元就道賀，初二為一門眾與住在城下的外樣眾道賀，初三由其他外地的外樣眾和地方武士道賀，初七到初十則由駐守外地的熊谷、平賀兩氏及其他同樣駐守外地的土豪派出使者前來道賀。

這段內容可看出（今谷明轉引勝俣鎮夫的研究）在弘治年間，毛利家的家臣團已有一門眾、譜代、外樣（或先方眾）等類別，同時期其他戰國大名或許也有類似分類，但在室町幕府下僅見於足利將軍與守護大名之間，守護大名與家臣團之間似乎未見這樣的分類。毛利家或其他戰國大名與家臣團的主從關係，應是仿效足利將軍家而來。藉由戰功授予家臣領地或提拔在家臣中的地位（無形中也在家臣團間建立起身分等級制度），不僅能激發家臣的向上心和忠心，更能培養出家臣在內政和軍事方面的權力與責任感。

應永二十五年（一四一八），已身兼丹後、若狹、三河三國守護的一色義貫，在上任第四國守護山城守護之際，向山城國伏見鄉（現京都市伏見區）在地領主伏見宮貞成親王（第三代伏見宮）要求服從並效忠於他。但伏見宮以所轄之地擁有不入權為由拒絕新守護的要求，進而也拒絕為他提供軍役，兩造關係如此惡劣，自然談不上像前述毛利家那樣在新年期間前往守護大名居城向其拜賀。

永享九年（一四三七），同樣成為山城守護的赤松滿祐（另兼播磨、備前、美作三國守護），要求轄下乙訓（京都市伏見區、南區、西京區一部分及向日市、長岡京市、山崎町全部）、葛野（京都市北區、中京區、下京區、南區、右京區、西京區一部分）二郡交出武士名冊，結果也與一色義貫一樣遭拒。

今谷明舉一色、赤松二位守護大名為例，與一個多世紀後的戰國大名毛利氏對比，經對照可知「守護領國制」對——尤其是新納入的領地——領主幾乎毫無控制力，遑論領主之下的下層武士。今谷明另以細川氏為例，說明細川氏統治的攝津、丹波兩國，卻仍任用細川最初的根據地四國（讚岐、阿波、土佐）出身的武士為當地官吏，進而為自己的名代（守護代）。採用類似間接統治的制度，也難怪當大環境（指應仁之亂）出現急遽變化之時，「下剋上」行為——守護為守護代取代、管領為其家宰所取代——隨之出現。

有鑑於「守護領國制」的缺陷，戰國大名改採新制度：將國眾、地侍、地頭、莊官等在室町時代與守護大名處於被官化關係的勢力收編為家臣團，採取能增強戰國大名統制的行為和手段（如制定分國法約束家臣的行為、強制家臣居住在大名居館附近以及新歸附的家臣須送出人質到大名居館就近監視或其他作為）。這種有別於「守護領國制」的強有力新政制，佐藤進一、永原慶二等學者以「大名領國制」稱之。

第一章

風暴（嵐）世紀

一四九三年到一五三一年

權力的轉移

戰國之鑰

明應政變

起因：幕府大將軍足利義材出兵河內，細川政元趁機策動政變，擁立足利義澄為將軍。

時間：明應二年（一四九三年）。

人物：細川政元、足利義材、畠山義豐。

結果：政變成功，足利義材被廢。

影響：戰國時代的開端。

序章提及「管領取代征夷大將軍，掌握了幕府的實權。管領的權力落在了家宰手中，家宰的權力又落在了部下手中……」為戰國時代「下剋上」的特色，這種情形出現在應仁之亂之後，具體而言是在明應政變之後，以下簡單介紹應仁之亂後到戰國時代的開端——明應政變——之間的經過。

足利義尚親征近江

長享元年（一四八七）九月十二日，九代將軍足利義尚親自領軍討伐近江守護六角高賴。由於義尚抱持恢復幕府在應仁之亂以前威望之志，對於不遵從他下令的諸國守護歸還侵吞寺社領地——寺社本所領（南北朝以來指寺院、神社、國衙的莊園領地，甚至連皇室、公家也可涵蓋在內）的六角高賴，在幕府近臣及若干公卿的懇求下，義尚決定發兵親自征討（渡邊世祐，《室町時代史》日本時代史第七卷）。

吳座勇一認為歸還寺社本所領不過是號召諸國守護響應的旗號，現實的重點是恢復幕府奉公眾（計四十六名）的領地（吳座勇一，《應仁之亂》）。為何義尚會把奉公眾領地恢復的重要性置於寺社本所領的歸還之上呢？

應仁之亂後，十年的內鬥讓疲憊的守護大名離京返回各自的領國，如此一來，原本因守護大名的存在而遭忽視的幕府奉公眾（直屬於室町幕府足利將軍的軍事力，相當於江戶幕府的旗本及御家人）和奉行人（鎌倉、室町幕府擔任行政、裁判等實務官員的總稱）的重要性和能見度隨之提升。

義尚愛好鷹狩、騎馬射箭等武藝，會較偏袒、支持奉公眾，因此義尚對奉公眾歸還領地的要求以親征近江作為回應（若能成功討伐六角高賴，不僅能討回奉公眾的領地得其擁戴外，還能因成功索討寺社本所領為寺院、神社、公家的感激提升幕府及將軍的威望，此亦為義尚的考量）。

面對由守護大名和奉公眾為主力共三百九十一騎超過八千名的幕府軍，六角高賴向管領細川政元陳情，希能透過他向義尚哀求撤兵，然而，六角高賴的哀求為自信滿滿的義尚所拒。開戰後，六角高賴果如預期戰敗，往南逃入近江、伊賀國境的甲賀山中。幕府軍對於逃入甲賀山中的六角軍不僅一籌莫展，反而被盤據甲賀山中的豪族——據某些書籍而言即甲賀忍者——配合地勢以游擊戰方式擊退。

原本應速戰速決的局面至此將陷於持久戰，為數不多的守護大名以領國事務為名離去，而義尚則是出於強化將軍與奉公眾主從關係的考量繼續駐軍近江（吳座勇一，《應仁之亂》）。後來因幕府軍內部的對立未能降伏六角高賴，隨著滯留的時間加長，義尚的健康也出現問題，最終於長享三年（一四八九）三月病逝於鈎之陣（滋賀縣栗東市永正寺），得年二十五歲。

明應政變

由於義尚並無子嗣，繼任將軍人選不是曾與義尚競爭將軍位置的義視（義政的異母弟）之子足利義材，便是義政另一異母兄政知（第一代堀越公方）之子清晃（已在天龍寺出家）。

雖然前御台所（將軍的正室）日野富子屬意義材（其生母是富子之妹），然而管領細川政元百般阻撓，前將軍義政遲遲不點頭，直到延德二年（一四九〇）一月義政去世後，七月義材終於坐上將軍寶座。

成為將軍後半年內，義材生母（日野富子之妹）、生父（足利義視）相繼辭世，與與前將軍家族的連結僅存日野富子一人，如此薄弱的連結也暴露出義材地位的危機。

義尚病逝後，六角高賴收復失地，包括短暫被迫歸還的寺社本所領，於是極欲立下戰功以鞏固地位的義材，遂以征討近江作為當上將軍後的初陣。

由於動員細川、畠山、赤松、大內等諸多有力守護大名（每位都擁有數個令制國），區區近江半國守護六角高賴自非敵手。然而，就與義尚征討如出一轍，雖能在戰場上挫敗六角，卻無法使其降服。儘管未能達成出兵的目的，但挫敗六角仍對義材聲望有一定程度的提升。

義材出兵近江之前已獲悉應仁之亂發生的關係人之一河內守護畠山義就去世的消息，從近

被政變的大將軍足利義材

江凱旋返回時宣布翌年（明應二年，一四九三）過完年出兵征討河內。明應二年二月十五日，義材留下細川政元、伊勢貞宗（前政所執事，其父為深受義政信任的伊勢貞親）坐鎮京都，率畠山政長、尚順父子、斯波義寬、赤松政則（以上於應仁之亂皆屬東軍陣營）等守護大名與奉公眾及其下共約二萬名兵力，經石清水八幡宮（京都府八幡市八幡高坊）進入河內，二十四日進駐正覺寺（大阪市平野區加美正覺寺二丁目）征討以高屋城（大阪府羽曳野市古市）為居城的畠山義就之子義豐。

　　雙方雖未展開戰鬥，但只要假以時日義材應會獲勝。就在此時，京都方面突然傳來細川政元聯合伊勢貞宗、日野富子擁立在天龍寺出家的清晃（初名義遐，後改名義高、義澄）為將軍的消息，京都一夕間為反對義材的細川政元等人佔領。

　　消息一傳出，跟隨義材出征的守護大名赤松政則率先撤兵，奉公眾也跟著拋下義材，只剩畠山政長、尚順父子等四十餘人不離不棄。細川政元旋即派兵與畠山義豐會合（共四萬餘人）圍攻僅有兩千餘人的義材等人困守的正覺寺。閏四月二十五日正覺寺被攻下，足利義材被捕，送回京都囚禁；孤立無援的畠山政長自盡，畠山尚順則逃往紀伊，此即明應政變。

　　依吳座勇一的分析，應仁之亂東軍主力的細川氏與被西軍（山名宗全）推戴的足利義視結下樑子，此為他阻撓義材成為將軍以斷絕義視掌權的契機。但日野富子因其生母乃自己的妹妹而全力支持，加上義政已無心過問政治，義材因而得以扶正。義政病逝後日野富子因故與義視、義材父子反目，同樣情形也出現在伊勢貞宗身上，因此日野富子、伊勢貞宗決定捐棄成見與細川政元協力推翻義材的政變計畫。至於政變具體的策劃，吳座勇一認為應在義材出兵近江之時，細川政元私下與畠山義豐及其盟友越智家榮（大和國人眾）均有聯繫。

政變之所以成功，吳座勇一認為與被動員的守護大名、奉公眾的觀感有關。近江集中了奉公眾的領地，自然願意出力征討，但出兵河內不會為奉公眾帶來利益。另外，義材與奉公眾的關係遠比義尚來得疏遠，這也是政變消息一傳出，守護大名和奉公眾便拋下義材獨自逃去的原因（吳座勇一，《應仁之亂》）。

與其說明應政變是細川政元一人獨自密謀，不如說是與日野富子、伊勢貞宗三人合謀；與其說是後方京都一手導演，不如說前方的守護大名、奉公眾也配合演出。

明應政變對戰國時代的影響

前文提及以往認為戰國時代的開端始於應仁之亂，現在普遍認為戰國時代始於明應政變（理由見諸前章的分析）。

吳座勇一更進一步提出明應政變之後畿內政治史分為「足利義澄—足利義晴（義澄之子）—足利義輝（義晴之子）—足利義昭（義輝之弟）」與「足利義稙—足利義維（義稙養子）—足利義榮（義維之子）」這「兩將軍」的對抗為中心展開。一般將其視為「義澄系」與「義稙系」並立，但更可視為「義政系」與「義視系」的並立。

這兩系譜中唯一沒當上將軍的足利義維其實與足利義晴俱為義澄所出（義晴乃正室所出，義維乃側室之子），故也可視為將軍版的「兩統迭立」（鎌倉時代後期，繼承皇位的皇統分裂成持明院統和大覺寺統兩支，約六、七十年間有六代天皇是經由妥協方式由這兩統輪流成為天皇，之後持明院統成為北朝、大覺寺統成為南朝），歷史上決定「兩統迭立」繼承資格是鎌倉幕府，至於將軍版的「兩統迭立」則由幕府管領決定。

應仁之亂以來大部分時間管領一職都落在細川氏本家京兆家身上，尤以細川政元為最，他可說是明應政變後權力轉移的第一棒。

「半將軍」細川政元

戰國之鑰

細川政元

身分：掌控大半幕府權力與數國守護職的半將軍。

時間：明應二年（一四九三）策動政變起，至永正四年（一五〇七）被殺。

事件：◎發動明應政變
◎平定山城一揆
◎擊敗義尹、擴大勢力

東西流浪的「流浪公方」

被囚禁在京都細川政元家臣宅邸的足利義材，於該年六月二十九日逃出京都，輾轉來到越中國投靠畠山尚順家臣神保長誠。義材以放生津為根據地，對外宣稱自己才是真正的將軍，得到能登守護畠山義統、加賀守護富樫泰高及部分奉公眾的響應，被稱為「越中公方」。

明應八年（一四九九）十一月，蟄伏越中七年餘的義尹（駐留越中期間義材改名義尹），率越中、能登、加賀、越前、若狹五國（均屬北陸道）兵力進京，駐軍大津時得到比叡山、高野山等僧徒及根來眾的響應而氣勢大振。此外，畠山尚順也率紀伊、河內之兵列陣於京都西郊，準備與義尹東西夾擊。已復任管領的細川政元自率大軍來到近江國坂本，聯合六角高賴擊敗義尹軍，在京都西郊待命的畠山尚順也被細川政元派人擊潰，義尹的復仇計畫全盤失敗。

逃離戰線的義尹渡過瀨戶內海來到伊予國，該國並無強大勢力，安頓之後再前往周防國（明應九年，一五〇〇）年投靠大內氏。然而，應仁之亂西軍主力大內政弘已經去世，其繼承人大內義興迎義尹到山口，不僅奉為上賓，還積極號召九州大名企圖擁戴義尹進京東山再起。

二十五歲當上將軍的義尹（整個室町幕府只有五人成為將軍時比他年長），只在位三年便遇上政變遭到囚禁，在越中顛沛流離六年多復位不成，又逃到山口過著近八年寄人籬下的生活，從青年期到壯年期共計約十四年的流浪生涯使他從「越中公方」變為「流浪公方」。

平定山城國一揆

明應政變後，前御台所日野富子、前政所執事（室町幕府政所、問注所的長官，分別由伊勢、太田二氏世襲）伊勢貞宗擔任新將軍義澄的後見役（輔佐、監護人之意），至於政變另一功臣細川政元於翌年重任管領，掌握幕府的實權。

政所執事一職由伊勢貞宗長男貞陸繼承，不滿足僅此一職的貞宗為長男爭取到山城守護（整個室町時代兼任政所執事與山城守護只有貞宗、貞陸父子）一職，貞陸再為自己取得山城國寺社本所領的管理權。山城國自文明十七年（一四八五）八月以來，南部與大和國交界處的久世、綴喜、相樂（相當於京都市伏見區、宇治市一部分，八幡市、城陽市、京田邊市、木津川市、井手町、宇治田原町、精華町、和束町、笠置町、南山城村全域）三郡爆發山城國一揆（也稱「惣國一揆」），伊勢貞宗對此莫可奈何（其山城守護任期適逢此一揆），貞陸的管理境內寺社本所領之舉顯然對此而來。

伊勢貞陸雖是政所執事，此職乃主掌幕府財政及領地的訴訟（文官性質），不握有武力的他任命大和國興福寺「官符眾徒」古市澄胤為綴喜、相樂二郡守護代，看中的不只是古市氏在大和國的實力，還有因地近之便與南山城一揆眾有利益關係可削弱其勢力。

肩負平亂的古市澄胤於明應三年九月出兵南山城（雖說出兵，但一介土豪的古市能動員的兵力想必有限），迅速佔領稻八妻城（也稱為稻屋妻城，京都府相樂郡精華町）這一有利的戰略處所。由於一揆眾內部意見紛歧而無法全力對抗古市，再者，與一揆眾有主從關係的細川政元因對抗丹波國人一揆及其他種種原因未能派兵，坐視無法全力對抗古市的一揆眾自生自滅，同年十一月山城國一揆遭到平定（未完全服從的國人眾等待打倒古市勢力的到來）。

> 戰·國·小·知·識
>
> **官符眾徒**
>
> 也稱為「堂眾」，指居住在大寺院——尤指奈良興福寺——研究學問或修行的僧侶，地位高於負責炊事、打掃或雜事的行人，而低於從事深奧學問研究或專心於祈求的學侶。代表性的眾徒有一乘院筒井氏、越智氏，大乘院的十市氏、古市氏。

「亂世的怪物」細川政元

山城國一揆平定的翌年（明應四年，一四九五）十一月，河內守護畠山義豐派兵進犯南山城，畠山義豐的兵力多過古市澄胤不說，被平定的一揆眾也未必對古市心服，這些不利因素使畠山義豐不費吹灰之力便奪取古市澄胤的戰果。

畠山義豐的行動刺激細川政元，他抽調丹波的兵力於明應五年（一四九六）八月由家臣中的頭號猛將赤澤朝經進攻南山城，畠山義豐不敵，撤出南山城。細川政元並未將南山城交還古市澄胤，甚至也未交還伊勢貞陸，而是任命征討有功的赤澤朝經為新的南山城三郡（久世、綴喜、相樂）守護代，重臣香西元長為北山城五郡（愛宕、葛野、乙訓、紀伊、宇治）守護代，出現守護與守護代不同勢力的怪象。之所以如此恐怕與稍早之前——同年五月——前御台所日野富子的病逝有關，據說她留下七萬貫（撇開浮動匯率不算，約現值七十億日圓）的遺產。日野富子去世使得原本三足鼎立的態勢趨於崩解，為對付共同敵人——蟄伏越中的足利義尹以及其他勢力如畠山義豐——而不得不認可彼此的妥協體制。

三年後擊退率領北陸軍來襲的足利義尹，一舉將細川政元推到權勢的頂端。對內，他是細川宗家（京兆家）的當主；對外，他是幕府管領，是僅次於將軍的武家第二人。不僅掌控將軍的廢立（廢義材、立義澄），身兼丹波、攝津、讚岐、土佐四國守護，其家族控有和泉、阿波、淡路等國及部分備中和伊予，若再論其盟友可及至山城、播磨、近江、大和等國。如此的權勢是應仁之亂以來未曾有過，故時人稱細川政元為「半將軍」。

權傾朝野的「半將軍」卻有著一極為致命的隱憂：沒有細川京兆家的繼承人。細川政元不僅沒有繼承人，而且也沒有可為他生育的妻妾，意謂細川政元不會有直系血緣的繼承人繼承細川京兆家、管領及右京大夫（細川京兆家當主世襲的官職）。

杉山博引用《細川兩家記》的一段話可以說明政元的狀態：

「說到當今世間見聞，有太多不合道理之事。理應專注於修行諸法的僧侶，卻攜帶兵器武具參戰，原本擅長騎馬弓射的武將卻進入顯密二流、專修坐禪之

「半將軍」細川政元

道。真是有趣的時代！（杉山博，《戰國大名》）。」

引文中的「顯密二流」原指佛教顯、密二宗，亦可代指包含專修坐禪的禪宗在內所有佛教宗派，而身為武將卻著迷於顯、密二宗、沉醉在坐禪之道，所指其實就是細川政元本人。

成年後的細川政元為鍛鍊肉體與精神而修練「飯繩之法」、「愛宕之法」等所謂的「魔法」。為精進「魔法」必須遠離女色，因此政元不僅沒有妻室，甚至還萌生出家、前往陸奧國修行的念頭。

永正的錯亂

細川京兆家的家格不允許繼承人出缺的情形，既然無法生下繼承人，也只能藉由收養來傳承家業。不過，細川政元並非從眾多分家（典厩家、野州家、讚州家……等等）選擇，而是逕自於延德三年（一四九一）迎前關白九條政基年僅三歲的次男為養子，以細川京兆家當主傳承的幼名聰明丸作為養子的名字，不難看出政元對九條家養子的看重。

黑田基樹指出，九條家養子生母與足利義澄生母是姐妹，收其為養子有助於政元推動都鄙（京都與鎌倉）、公武（朝廷與幕府）合體的新政權（黑田基樹，《戰國大名》）。

文龜二年（一五〇二），三十七歲的政元隱居，同時，十四歲的養子聰明丸元服，改名澄之。「澄」字出自將軍「義澄」的偏諱，既然是準繼承人，名字的第二字理應出自細川京兆家歷代當主的偏諱「元」，以「澄元」為名才是，可見此時政

戰·國·小·知·識

魔法

即修驗道，也稱為山伏信仰。

飯繩之法：位於長野縣長野市和信濃町之間信仰的飯繩權現授予軍事必勝軍法，屬於神佛習合的神。

愛宕之法：位於京都市右京區愛宕神社，平安時代以來為修驗道道場，發展出信仰主祭神愛宕權現、祈求作戰勝利的愛宕信仰。

元已不想把「澄元」之名賜給元服的澄之。

政元隱藏「澄元」的用意到文龜三年（一五〇三）昭諸天下，這年五月政元收分家阿波守護家當主細川之持之弟六郎（與澄之同年）為養子，元服後改名澄元。之後（確切時間不詳）政元又收養另一分家野州家當主細川政春長男高國為養子，這兩次收養事件都加深澄之對政元的怨恨，澄之、澄元、高國三位政元的養子成為之後二十餘年畿內大亂的元凶，其始作俑者，細川政元是也。

永正四年（一五〇七）四月，細川政元討伐丹後守護一色義有不順遂，欲經由若狹國前往出羽國羽黑山進行山伏信仰巡禮，被正與丹後作戰的該國守護武田元信勸阻，怏怏不樂的返回京都。六月二十三日沐浴盥洗中的政元遭到擁護細川澄之的家臣香西元長、藥師寺長忠等人殺害，享年四十二歲（「永正的錯亂」）。

政元並無同母或異母兄弟，唯一的手足異母姊不詳其名，史稱「洞松院」。「洞松院」因容貌醜陋，早年於父親勝元創建的龍安寺（京都市右京區龍安寺御靈下町）出家。明應二年四月，為準備發動明應政變，細川京兆家當主政元命其還俗，於政變前夕搓合她成為播磨守護赤松政則的後妻，身兼播磨、備前、美作三國守護的赤松氏遂成為管領的盟友，加大政變成功的可能性。

赤松政則於明應五年（一四九六）病逝，家臣擁養子義村為當主（娶政則與洞松院之女為妻），播磨、備前、美作三國實權則操掌在洞松院與重臣浦上宗助、村宗父子，是最初的「戰國女大名」（今谷明，《戰國時期》岩波日本史第五卷）。

兩細川之亂

戰國之鑰

政元三位養子的對抗

三養子內戰↓澄之自盡
←
高國擁立足利義尹復任大將軍
←
船岡山合戰↓澄元敗退
←
澄元再起失敗後病逝
←
足利義尹再遭放逐
←
高國戰敗自殺↓兩細川之亂結束

肅清澄之黨

政元死後，澄之立即與一色義有達成停戰，雖然造成部分政元舊部如赤澤朝經的犧牲，不過，澄之等人總算安全撤回京都。七月八日，澄之以細川京兆家當主的身分繼任管領一職，攝家九條家出身的他加上幕府管領的職位，任誰看來公、武就在其掌控之中。

然而，政元的舊部不認可公家出身的澄之，紛紛投靠政元的另一養子澄元，政元的另一養子高國也支持澄元，支持澄之的政元舊部僅有香西元長、藥師寺長忠、竹田孫七等人。

八月一日，細川澄元及其家宰三好之長率領甲賀國眾從近江起兵，細川高國、細川政賢、細川尚春從攝津起兵攻入京都，包圍澄之的居館嵐山城（也稱為遊初軒，京都市西京區嵐山元祿山町）。當日城破，澄之與擁立他的家臣香西元長、藥師寺長忠、

●細川政元三位養子

	出身背景	支持勢力/ 代表人物
澄之	九條政基之子（前關白，公家）	香西元長、藥師寺長忠
澄元	細川阿波家出身（政元分家之弟）	政元本人強力擁立
高國	細川野州家政春之子（分家）	政元後期另行收養

竹田孫七等人紛紛自盡，年僅十九歲，就任管領不足一月。

政元晚年雖因修行過度而喜怒無常，甚至還有眾道（武家之間的同性愛）傾向，但細川澄之派人將其暗殺，不僅震撼各界，也引起各方撻伐，這點與七十多年後的本能寺之變幾乎沒有不同（差別在於後者引起的震撼與撻伐更為劇烈）。

足利義尹再任將軍與船岡山合戰

雖身處距京都遙遠的山口，足利義尹（即被細川政元所廢的前將軍義材）和大內義興對從永正的錯亂到細川澄之覆滅的一連串動亂可沒有錯過。細川澄之死後，大內義興判斷時機已經成熟，十一月，動員境內周防、長門、筑前、豐前四國兵力從山口出發，不久抵達鞆之浦，在該地迎接永正五年（一五〇八）的到來。

大內義興擁戴義尹的大軍駐留鞆之浦的消息引起騷動，京都對此不可能毫無所知，身為管領的澄元委託高國前去鞆之浦與大內義興交涉，希能阻止義尹上洛。出乎細川澄元意料的是，高國背叛澄元與大內義興結盟，掉頭過來向澄元宣戰。

永正五年四月十日高國以先鋒之姿率攝津、丹波、伊賀三國國眾進攻京都，光高國這支軍力便已嚇得細川澄元拋棄京都，帶著將軍義澄輾轉逃往近江國朽木谷（滋賀縣高島市）為當地地頭朽木氏收留。

六月八日，高國率畿內守護大名於和泉國堺港迎接從鞆之浦乘船而來的「流浪公方」義尹重回京都。七月一日，義尹再次成為征夷大將軍（同時被授予從三位權大納言），義澄則成為前將軍。數日後細川高國被授予右京大夫及幕府管領，一路護送義尹上洛有功的大內義興被授予左京大夫及管領代，成立足利義尹、細川高國、大內義興聯合政權。

永正七年（一五一〇）一月，細川高國、大內義興發動數萬兵力征討藏匿在近江的義澄，足利義尹也參陣出征為一雪明應八年敗仗之恨。然而，看似穩操勝券的戰役卻為近江國人眾所敗。

戰後近江守護六角高賴接受高國勸說，效忠足利義尹，協助作戰的近江國人眾頻頻向義澄要求更多利益，不願屈服的義澄帶著剛出生的龜王丸（之後的十二代將軍義晴，生母為義澄正室日野阿子）繞過京都來到播磨，將龜王丸託付給播磨守護赤松義村。

今谷明提及室町幕府二代將軍義詮昔日出逃時也曾將嫡子義滿託付於赤松則祐，認為將子嗣寄託於心腹大臣是較為穩妥的選擇，更主要的原因為播磨實際主人是當初擁立義澄的細川政元之姊洞松院。（今谷明，《戰國時期》岩波日本史第五卷）。義澄的另一子義維，據長江正一的考證義維乃庶長子，元服後先後改名義賢、義維、義冬。（長江正一，《三好長慶》）則由細川澄元帶往四國阿波。

另一方面，自前年起義澄廣發書信到各地要求上京勤王陸續得到正面回應，而逃回生家的前管領細川澄元也率以三好氏（當主為三好之長）為主力的阿波國人眾上京與前述各地勤王軍會合，準備與細川高國、大內義興軍一戰以決定將軍的人選。就在雙方即將對決之際，四處奔波的前將軍義澄於近江病逝（永正八年八月十四日），享年三十一歲。渡邊世祐提及細川政元死後的局勢說道：「足利義澄和足利義尹都是細川氏擁立的，二人的對立只是名義上的，實際上是細川高國和細川澄元的對立。細川高國擁立足利義尹取代足利義澄，導致足利義澄和足利義尹的對立，實際上這是應仁之亂的餘波。足利義澄和足利義尹的對立實質上和足利義視及足利義政的對立是類似的（渡邊世祐，《安土桃山時代》）。」

永正八年（一五一一）八月二十四日，義澄病逝後十日，雙方（細川高國、大內義興和細川澄元）在洛北船岡山（京都市北區紫野北舟岡町，現為船岡山公園）進行合戰。細川、大內軍中公方眾（將軍直屬軍）兩千人、細川眾三千人、大內眾八千人，細川澄元軍以三好軍為主力（人數不詳，不過顯然不及高國軍），開戰後不久澄元便被擊潰，身為高國岳父但叛降至澄元陣營的細川政賢戰死，澄元敗逃退回四國。

細川澄元、足利義稙之死

永正十年（一五一三）二月，為答謝義尹對藏匿龜王丸一事的赦免，播磨守護赤松義村偕同三歲的龜王丸上洛拜謁義尹，獻上太刀與馬匹，雙方達成和解（大概在此次會面義尹收龜王丸為養子）。

永正十五年（一五一八）八月，管領代大內義興一如其父政弘，長期滯留京都後決意返回領國。杉山博認為理由不出與義稙（即義尹）不和、消耗大量錢財以及安定領國三點（杉山博，《戰國大名》）。

大內前腳剛走，在阿波休養數年的細川澄元於翌年（永正十六年，一五一九）十一月率兵於兵庫上岸直指京都。

攝津國人眾池田三郎五郎（信正）率兵奪下田中城（兵庫縣三田市下田中）呼應細川澄元的起兵，澄元便以池田氏的領地為據點朝京都推進。獲報的高國連忙派出尚未降伏澄元的攝津國人眾進攻田中城，但強攻不下退守越水城（兵庫縣西宮市）。

高國軍據守的越水城反而

為澄元軍所包圍，永正十七年（一五二〇）初，越水城被澄元軍攻下，當地國眾紛紛歸附澄元。軍容壯大的澄元軍在三好之長的率領下繼續追擊敗逃的高國軍，澄元本人則駐守伊丹城（兵庫縣伊丹市，也稱為有岡城）。高國丟下京都而逕自逃往近江，追擊在後的三好之長則是進京向將軍獻上太刀以表效忠。

在近江的細川高國得到新任近江守護六角定賴（高賴次男）協助，在越前、美濃等國聚集三萬餘兵力，丹波守護代內藤貞正也率丹波眾約八千人助陣，如虎添翼的高國率領超過四萬兵力風光返回京都迎戰三好之長。

人在京都的三好之長耳聞此一消息，其部下不是倒戈，便是一哄而散，三好之長只好率領高國兵力的十分之一（四千餘）在足利將軍家的菩提寺等持院（京都市北區等持院北町）佈陣迎戰。由於兵力比過於懸殊，開戰不久三好之長軍立即潰敗，在京都躲藏數日後三好之長與幾名兒子被縛帶往百萬遍知恩寺（京都市左京區田中門前町）斬首。

細川澄元在軍事方面完全仰仗三好之長，人在伊丹城聽聞其死訊如斷其一臂，經由播磨撤回阿波，六月十日病逝於居城勝瑞城（德島縣板野郡藍住町），享年三十二歲。

等持院一役凱旋歸來的細川高國，雖表面上仍尊義稙（永正十年義尹改名）為將軍，實則獨攬幕權，跋扈之態及攬權之狀幾不下於已故的「半將軍」。難以忍受的義稙於永正十八年（一五二一，同年八月改元大永）三月，在近侍的幫助下逃出京都，前往和泉經由淡路抵達阿波國的撫養（德島縣鳴門市），為澄元的繼承人聰明丸（元服後改名晴元）所收留，在這裡義稙收養義澄另一兒子義維為養子。

脇田晴子認為這是義稙「再一次遭到廢立」（脇田晴子，《戰國大名》），再次遭到廢立的義稙被稱為「島公方」或「阿波公方」。在撫養安頓後，義稙積極聯繫河內守護畠山義英，希能再次重返京都，可惜未能如願。大永三年（一五二三）四月九日，義稙病逝撫養，享年五十八歲。

兩細川之亂結束

面對將軍出走異鄉的情形，高國一點也不擔憂，他對總與自己意見相左的「流浪公方」早感厭煩，義稙出走後，高國隨即派人前往播磨與赤松義村聯繫。七月六日，高國親自率軍（據說陣仗多達三萬人）到播磨迎接龜王丸返京，月底高國便迫不急待透過朝廷賜名龜王丸「義晴」及從五位的位階（實際上「義晴」此時年僅十一歲，尚未元服）。

十一月底，義晴正式元服，「烏帽子親」由高國擔任，同時被授予正五位下左馬頭這一足利將軍繼承人元服時的官職。

義晴元服過後（隔月正式成為將軍），高國亦被任命為管領，於公他是輔佐將軍的管領，於私則是為將軍戴上象徵成人的烏帽子親，地位看來似乎穩如泰山。實際上，此時的高國正與在嚴島神社納經的平家如出一轍，盛極而衰。

> 戰·國·小·知·識
>
> **烏帽子親**
>
> 中世武家男子成人元服時，指定血緣關係以外者擔任為元服者戴上烏帽子的儀式。這是一種模擬的親族關係，烏帽子親有提攜元服者、成為其後盾的義務。

大永五年（一五二五）四月，高國剃髮出家（法名道永），將細川京兆家當主之位及管領之職讓予長男稙國（但稙國是否真有就任管領不無疑問）。未料，同年十月稙國因病去世，這是高國政權厄運的開端。

接踵而來的是家臣的對立，高國聽信同族細川尹賢（出自細川典廄家，其長男氏綱為高國養子）的片面之詞，殺害重臣香西元盛。此舉引發香西生家的兄弟波多野稙通、柳本賢治的不滿，聯合丹波國人眾討伐細川尹賢，並連繫在阿波等待時機而起的澄元繼承人細川晴元。

大永七年（一五二七）二月，丹波眾（波多野稙通、柳本

剃髮出家的細川高國

賢治）與細川晴元的先鋒隊三好勝長（長家）、政長兄弟會合，於京都桂川擊敗高國軍，高國帶著足利義晴逃往近江坂本（滋賀縣大津市）。三月，細川晴元擁已故將軍義澄庶子義維從四國出發來到堺（大阪府堺市），在此地滯留觀望。如今畿內隱然成形高國、義晴（近江坂本）、晴元、義維（和泉堺）和波多野稙通、柳本賢治（丹波）三大勢力，但三大勢力竟無一以京都為據點。

連年與畿內勢力作戰，高國在兵力上與經濟上都耗損甚鉅，難以負荷的他與越前的朝倉孝景、出雲的尼子經久、備前的浦上村宗結盟。高國盟友中的勢力如朝倉氏、尼子氏都是之後稱霸一方的有力戰國大名，與其結盟的確能助長聲勢，但他們所處的位置距畿內都有一段距離，難以配合高國征戰，對高國的實質貢獻有限。

另一方面，義晴雖因高國敗仗倉促間被帶出京都，因細川晴元及其擁護的義維並未入京，顧忌到高國有可能捲土重來（永正年間便有先例），故朝廷不授予義維征夷大將軍宣下，而只授予從五位下左馬頭的位階和官職（亦即只視義維為將軍繼承人）。前文提及左馬頭是足利將軍繼承人元服的官職，被授予此位的義維遂也被稱為「堺公方」、「堺大樹」（其在堺的居處則被稱為「堺幕府」），然而，義維終其一生從未成為將軍。

享祿四年（一五三一）六月四日，高國在大坂天王寺（大阪市天王寺區）戰敗後逃到尼崎（兵庫縣尼崎市），緊追在後的三好元長（前文提及的之長之孫）從附近的鄰家小孩口中得知高國藏匿在染坊中，將其逮捕後送往當地的廣德寺（兵庫縣尼崎市寺町），八日高國在此切腹，享年四十八歲。

細川政元死後，其三名養子澄之、澄元、高國歷時二十餘年的對抗到此終於結束。斯波氏、畠山氏因對立而引發應仁之亂，相較於這兩家，內部團結的細川氏沒有因內亂耗損元氣，在政元當政下於亂後成為畿內最強的勢力（當時全日本大概也只有大內氏可與之相比）。

然而，政元沒有從收養的三名養子中確切指定繼承人，在其橫死後終使家族步上斯波、畠山二氏的後塵，甚至更甚於斯波、畠山二氏。儘管兩細川之亂在高國死後結束，澄元之子晴元成為最後勝利者，但細川京兆家已式微，徒留空殼再也無法收拾亂世，而由為澄元、晴元父子作戰的三好氏取而代之。

第二章 將星並起

一五三一年到一五五五年

關東亂事簡要

戰國之鑰

關東戰國大事件

永享之亂→鎌倉公方大受打擊
↓
享德之亂→鎌倉失守，退至古河
↓
伊勢盛時（北條早雲）攻下伊豆
↓
北條早雲擴張至相模
↓
河越夜戰→北條確立霸權
↓
憲政逃越後→北條控制大半關東

前一章的主題為畿內的風暴，主要敘述範圍為明應政變後細川京兆家從鼎盛到沒落的過程。本章除繼續敘述細川氏的沒落直到被三好氏取代外，也會提及畿內以外之地如關東、中國（大坂以西到下關的本州部分）和東海的局勢。

鎌倉公方與足利將軍、關東管領的對立

現今學術界一致認為關東的戰國時代早於畿內，在應仁之亂前關東已混亂幾十年，此肇因於幕府開創者足利尊氏最初由其弟直義留守鎌倉，後改由嫡男義詮，等到義詮被立為將軍繼承人後再由其同母弟基氏代之。基氏坐鎮鎌倉年僅十歲，由尊氏生母清子之外甥上杉憲顯輔佐，基氏是初代鎌倉公方，上杉憲顯是初代關東管領。

二代將軍和初代鎌倉公方是同母兄弟，而初代關東管領與初

代將軍足利尊氏是表兄弟關係，與義詮和基氏為姻親，這些關係令三方相安無事。接下來的二代（鎌倉公方氏滿、關東管領上杉憲方、幕府將軍義滿）大抵也相安無事，第三代鎌倉公方滿兼曾動念從關東發兵響應應永之亂發起者大內義弘，雖因關東管領上杉憲定的勸阻作罷，但滿兼的舉動已招致幕府的不滿，為此後雙方的衝突埋下伏筆。

到第四代鎌倉公方持氏，鎌倉與京都爆發全面衝突，六代將軍義教率軍進攻鎌倉，持氏請降不許，切腹而亡（永享之亂，一四三九年）。義教繼續追捕持氏之子春王丸、安王丸，並將其殺害（結城合戰，一四四〇年），不久後義教遭到行刺（嘉吉之亂，一四四一年），持氏另一子永壽王（有永壽丸、永壽王丸、萬壽王丸等說，筆者依田邊久子《關東公方足利氏四代》）在家臣的保護下倖免於難，元服後改名成氏，即第五代鎌倉公方。

關東幾次大亂下來，鎌倉公方為之弱化，相對卻增長上杉氏的實力（包括繼承關東管領的宗家山內上杉氏及其庶流扇谷上杉氏），甚至連其家宰長尾氏及太田氏的實力也得到提升。更令成氏難以容忍的是幾次大亂中，關東管領（也包含扇谷上杉氏）多站在與鎌倉公方的對立面，年輕氣盛的足利成氏於享德三年（一四五四）除去關東管領上杉憲忠。成氏此舉讓關東的守護大名、豪族分裂為公方派和管領派兩個陣營，一同捲進為期近三十年大亂的漩渦之中（享德之亂，堪稱關東版應仁之亂，一四五五—一四八三年）。

雙方陣營大致以利根川為界，以東多屬公方派，以西多為管領派，位處利根川以西的鎌倉遭到管領派攻佔，成氏避居下總古河（茨城縣古河市鴻巢），以該地為據點，至此鎌倉公方改稱古河公方。

幕府認為唯有取代成氏在關東的地位才是終止享德之亂的根本之道，認為最佳的人選為將軍義政的異母兄政知。然而，長祿二年（一四五八）五月來到關東的政知受阻於公方派的勢力而以伊豆國堀越（靜岡縣伊豆之國市）為居所，被稱為堀越公方。

於是關東出現了古河公方、堀越公方、山內上杉、扇谷上杉四股勢力對峙的情形，不過，最後的勝利者卻非上述四股勢力，而是二十多年前駿河守護今川氏門下一名客將伊勢盛時，他以非凡的謀略和戰術滅掉上述四支勢力中的三支。

伊勢宗瑞的擴張

延德三年（一四九一）四月，足利政知於伊豆病逝，終其一生堀越公方的勢力始終未能越過箱根以東，滯留伊豆期間中央

●鎌倉公方 vs 關東管領 vs 幕府將軍

角色	背景與立場	對立原因
鎌倉公方	足利宗家分支，鎮守關東	欲掌握關東主導權，不滿受管領牽制
關東管領	上杉氏擔任，輔佐公方	多次站在鎌倉公方的對立面，管領上杉憲忠遭公方足利成氏暗殺
幕府將軍	京都中央政權	欲控制關東局勢，派出足利政知介入，被稱為堀越公方

歷經應仁之亂，將軍人選也從義政、義尚遞嬗至義材。

足利政知死後，家族發生巨變，政知妻子圓滿院企圖擁立與政知生的次男潤童子取代原本的繼承人長男茶茶丸，並將其因禁。不久，茶茶丸越獄，殺害將其因禁的圓滿院以及繼爭對手潤童子，此時距政知之死不過三個月，茶茶丸自立為公方，是第二代堀越公方。

依以往通說，以駿河興國寺城（靜岡縣沼津市）為據點的今川氏客將伊勢早雲庵宗瑞（即前文的伊勢盛時，他於延德三年出家，法號早雲庵宗瑞，後文以宗瑞稱之）趁著茶茶丸自立為公方、人心尚未安穩時，率領五百

人分乘十艘船橫渡駿河灣，於伊豆半島西岸上陸，以迅雷不急掩耳之勢攻入堀越御所。通説接著説道他以一個月的時間平定伊豆（實際上平定伊豆耗費約五年的時間，而且足利茶茶丸並未遭到殺害，而是逃往甲斐國，數年後甲斐武田氏將其當作與宗瑞和談的條件引渡為宗瑞所殺），築韮山城（靜岡縣伊豆之國市韮山）作為新領地的居城，歸還興國寺城（此舉視為脱離今川氏自立）成為獨立大名，廢除以往的嚴重税制，明定税率為四公六民，令伊豆領民欣喜。

　這種説法與證實宗瑞乃一介素浪人、白手起家成一獨立大名一併遭到推翻。今谷明引用家永遵嗣的考證指出，宗瑞乃奉義澄之命前往伊豆平亂（今谷明，《戰國時期》岩波日本史第五卷），因為圓滿院乃義澄生母、潤童子乃義澄同母弟，可見宗瑞出兵伊豆並非出於一己之野心（故宗瑞出兵伊豆當在明應政變後）。義澄為何指定宗瑞？想必與數年前宗瑞調停今川家的紛爭、成功讓龍王丸繼承家業，並以此功受封幕府申次眾（鎌倉、室町時代，武士拜謁將軍時的司儀並負責這一過程的雜務，由伊勢、上野、大館、畠山四氏出任）有關。

　攻佔伊豆的過程中關東發生兩上杉氏（山內上杉、扇谷上杉）的內鬥長享之亂（一四八七—一五〇五年），當時扇谷上杉氏剛做出除去家宰太田道灌（本名資長）這一自毀長城的行為，山內上杉氏也歷經家宰長尾景春之亂而元氣大傷。在雙方勢力皆不如以往的情形下，擁有大部分伊豆的新興勢力宗瑞成為兩上杉氏極欲爭取的盟友。

　箱根關所在的相模是伊豆的東鄰，進入相模國意味著進入關東，相模國正好是扇谷上杉氏的領地，成為得隴望蜀的宗瑞下一個用兵標的，是以宗瑞採取聯合山內上杉氏對抗扇谷上杉氏的方針，出兵入侵相模國。

　依《軍記物語》的説法，明應三年（一四九四）小田原城（神奈川縣小田原市）主大森氏賴去世，宗瑞不斷贈禮給繼任城主藤賴，幾次下來原本緊張的關係有所緩和，藤賴也一改父親在世時對宗瑞敵視的態度。翌年二月（或九月），宗瑞向大森藤賴提出在箱根山狩鹿並在其領地內過夜的請求得到同意，夜裡獵人搖身變成兵士，讓埋伏在箱根山上的軍隊越過關所，以火牛陣為先鋒攻下小田原城（火牛陣恐怕是《軍記物語》的創作）。

伊勢宗瑞（北條早雲）

雖然攻下小田原城，但直到永正十三年（一五一六）攻下三崎城（神奈川縣三浦市城山町）後宗瑞才控制整個相模國。即便已擁有伊豆、相模二國，宗瑞依舊以韮山城為據點，並在該地過完最後的人生（其墓所箱根湯本的早雲寺成為之後歷代北條氏當主的埋骨處）。

氏綱、氏康的雄飛

宗瑞的繼承人氏綱以小田原城為居城，永正十五年（一五一八）十月，氏綱開始使用刻有「祿壽應穩」字樣的虎符綬印以強化領國（相模、伊豆）的統治，並築玉繩城（神奈川縣鎌倉市植木）作為用兵武藏的灘頭堡。

依杉山博的見解，氏綱在大

永二年（一五二二）九月趁重建相模國一宮寒川神社（神奈川縣高座郡寒川町）落成之時，獻上有「相州太守北條新九郎平氏綱」的署名（為與鎌倉幕府的執權區別，通稱後北條氏）。不過，森幸夫認為改稱北條氏的時間是在翌年（大永三年）六月到九月間（森幸夫，《戦国の魁早雲と北条一族—北条五代百年の興亡の軌跡》），今谷明引用佐脇榮智的研究認為是在大永四年六到九月間（今谷明，《戰國時期》岩波日本史第五卷），雖確切時間難以確定，但在大永年間（一五二一—一五二八年）殆無疑義。

氏綱鞏固內部的同時，兩上杉氏之一的扇谷上杉接連折損當主，使得因頻繁更替當主以致人心惶惶的扇谷上杉氏家臣為氏綱有機可乘，先祖太田道灌遭到殺害而對主君懷恨在心的太田氏成為最早倒戈到後北條氏的扇谷上杉氏家臣，相模、武藏的國眾、地侍也陸續易幟改事後北條氏。有這些新進家臣的助力，氏綱接連攻下津久井城（神奈川縣相模原市綠區）、小磯城（神奈川縣橫濱市港北區小磯町）、江戶城（東京都千代田區）、河越城（埼玉縣川越市）、岩槻城（埼玉縣埼玉市岩槻區），幾乎席捲整個武藏，甚至還及於下總、上總的部分，受後北條威脅的不僅扇谷上杉氏，還包括山內上杉氏、古河公方足利高基（第三代古河公方，足利政氏長男）、小弓公方足利義明（足利政氏次男，高基之弟）、安房國里見氏、上總國真理谷氏聯合起來與氏綱打了好幾場戰役（規模最大、最有名的當屬天文七年第一次國府台合戰，足利義明戰死，小弓公方滅亡），幾乎一面倒由氏綱獲得壓倒性勝利。

天文十年（一五四一）七月，氏綱病逝，長男氏康繼任。氏綱生前為他擊敗的對手集結起來想趁對方新舊當主輪替、人心未定之時收復舊土。於是以第四代古河公方足利晴氏（高基長男）、山內上杉氏當主憲政、扇谷上杉氏當主朝定為首，聯合關東諸勢力於天文十四年起陸續發兵八萬餘（確切兵力亦有其他說法）包圍後北條氏版圖的最北端河越城。

當時因駿河東部領地紛爭正與今川義元作戰（第二次河東一亂）的氏康，連忙與之媾和，然後率領八千人馬趕赴河越城與城將北條綱成的三千守軍會合。天文十五年（一五四六）四月二十日夜，氏康的八千軍與綱成的三千軍殺往包圍河越城的關東聯軍，因占有兵力優勢認定守軍只能坐以待斃的聯軍，萬想不到氏康會率軍馳援，更想不到他們會主動突圍。在過於輕敵以致士氣渙散之下關東聯軍大敗，足利晴氏、山內上杉憲政逃回各自居城（古河城及平井城），扇谷上杉朝定戰死，自宗瑞以來與後北條氏爭戰不休的扇谷上杉氏至此名存實亡。

河越夜戰使北條氏康之名威震關東，戰時與其敵對或中立觀望的國眾及豪族在戰後紛紛獻上人質歸附，奠定後北條氏稱霸關東的霸權。關東管領山內上杉憲政由於統御無方，挫敗後依舊故我，以至於家臣離心離德，最後連居城平井城（群馬縣藤岡市）也為北條氏康攻下，只能逃往越後投靠長尾景虎，關八州之中後北條氏影響力不及之處只有常陸、下野二國，後北條氏進入全盛期。

●北條家三代關東發展

角色	主要行動與成果	對手勢力
北條早雲	攻佔伊豆，擊敗堀越公方；攻下小田原、三崎，掌控相模	足利茶茶丸（堀越公方）、扇谷上杉、山內上杉
北條氏綱	改姓北條、拓展武藏；攻下江戶、河越、岩槻等地；大敗扇谷上杉與古河公方	扇谷上杉、小弓公方、古河公方、真理谷氏、里見氏等
北條氏康	擊潰關東聯軍於河越夜戰，滅扇谷上杉；逐漸支配關東大部分地區	古河公方足利晴氏、山內上杉憲政、扇谷上杉朝定

細川高國死後的畿內

戰國之鑰

畿內政局演變

三好元長與晴元決裂→元長兵敗
↓
天文一揆→晴元聲望下滑
↓
天文法華之亂→日蓮宗勢力遭驅逐
↓
三好長慶興起
↓
江口之戰→三好政長戰死，三好長慶實際掌握畿內政權

細川晴元與三好氏的對立

兩細川之亂由細川澄元之子晴元獲得最後勝利，勝利後的晴元承認高國擁立的義晴為將軍（目的無非希望能被義晴任命為管領），當初為擊敗高國而擁立的義維繼續滯留於堺，晴元擊敗高國的主力三好一族當主三好元長不認同晴元的作法而滯留於堺，雙方在除去共同敵人後逐漸反目。

為協助晴元取勝，阿波守護代三好一族在兩細川之亂期間戰死或自盡的有：前家族當主三好之長、一秀（之長之弟）、長秀（之長長男）、賴澄（之長次男）、長光（之長三男），付出如此巨大的犧牲無非希望在晴元成為京兆家當主後能給予三好氏優渥的賞賜。然而，不僅細川晴元本人，其家臣木澤長政（原為河內畠山氏當主畠山義英、義堯父子的家臣，在細川高國覆滅之際殺害高國派要人細川尹賢

投靠晴元）、三好政長（三好之長之弟長尚長男，論輩份為元長叔父，法號宗三）、茨木長隆也聯合起來在晴元面前對三好元長（長秀長男）搬弄是非。

為尋求盟友，三好元長與木澤長政的舊主畠山義堯結盟，於享祿五年（一五三二）五月進攻木澤長政的據點飯盛山城（大阪府四條畷市中野本町）。前文已提過，晴元之所以能戰勝高國，除大內義興返回領地外，最主要的原因在於三好氏的雄厚實力，現在這一助力成為自己的敵人，晴元手邊再無可與之抗衡的兵力。無奈之下，細川晴元竟向淨土真宗第十世宗主證如求助。

淨土真宗（也稱為真宗、一向宗）成立於鎌倉初期，到第八世宗主蓮如先是於文明三年（一四七一）於越前吉崎建立北陸佈教據點吉崎御坊（福井縣蘆原市吉崎，御坊是對寺院或僧房的敬稱），然後前往京都宇智郡山科，在此興建御影堂作為京都的傳教地，文明十五年（一四八三）八月落成，稱為山科本願寺（現山科中央公園，京都市山科區西野阿藝澤町）。延德元年（一四八九），蓮如隱居，由其子實如繼承第九世宗主，之後蓮如餘生致力於興建規模更大的御坊，此即石山御坊（後來的石山本願寺，現在的大阪城所在地）。

當時證如（九世宗主實如之孫）雖僅十七歲，但因同時擁有山科本願寺和石山御坊而在畿內擁有數量可觀的信徒。證如一聲令下，光攝津、河內二國便集結超過三萬信徒，不僅解除飯盛山城的危機，還順勢包圍畠山義堯的居城高屋城，於享祿五年六月十五日迫使其自盡。一向宗信徒繼續追擊以堺為據點的三好元長軍，六月二十日，三好元長於顯本寺（大阪府堺市堺區宿院町）切腹。三好元長的死導致三好氏暫時沒落，細川澄元擁立的足利義維（堺政權）也因最大的支持者死去不僅斷絕成為將軍的機會，最後只能退守阿波。

天文一揆與天文法華之亂

為了剷除最大的威脅者，細川晴元不惜與虎謀皮，固然如願剷除三好元長（剷除的只是三好元長一人，三好一族仍在），但是除掉三好元長過程中一向宗信徒對京都的破壞讓公卿感嘆「天下是一揆的天下」、「天下將遍地一揆」（今谷明，《戰國時期》岩波日本史第五卷）。一向宗繼續以追擊河內畠山氏盟友筒井順興為名攻入大和國，恣意焚毀興福寺的塔頭、經卷及佛具，無力約束的細川晴元只能任由一向宗蹂躪大和國（「天文一揆」或「天文之錯亂」）。

為了剷除為禍更烈的一向宗，晴元再一次與虎謀皮。天文元（享祿五年七月改元天文）年八月以日蓮宗（也稱法華宗）為主力，輔以姻親近江守護六角定賴（晴元的繼室為定賴之女）及延曆寺發兵討伐山科本願寺。

日蓮宗信徒以町人為主，在手工業興盛的畿內地區具有壓倒性的優勢，光是京都就有本圀（音國）寺（京都市山科區御陵大岩）、本能寺（京都市中京區元本能寺南町）、妙顯寺（京都市上京區妙顯寺前町）等所謂的「洛中二十一寺」，勢力之大非以農民為主要信徒的一向宗能匹敵。

經過幾次激戰，一向宗不敵節節敗退，細川晴元軍、六角定賴軍、延曆寺及日蓮宗包圍一向宗在京都最後的據點山科本願

日蓮宗京都本圀寺

寺。天文元年八月二十四日，有「誇稱富貴榮華，寺中廣大無邊，莊嚴如佛國」（脇田晴子，《戰國大名》）之稱的山科本願寺被攻陷，不少信徒遭到殺害，各方軍隊搶掠一空後縱火焚毀。日蓮宗挾戰勝餘威想徹底剿滅畿內一向宗勢力，因此繼續朝石山本願寺追擊，但在山崎（京都府乙訓郡大山崎町）遭遇一向宗的反擊，鎩羽而歸。

一向宗雖敗，但在攝津、河內、和泉等地仍不斷侵擾細川晴元，使晴元一度敗走淡路。為避免一向宗攻進京都，幕府不得不將京都七口（始於室町時代設置關所收取通行費，雖說七口，實則有以下九處：鞍馬口、大原口、荒神口、粟田口（三條口）、伏見口、竹田口、鳥羽口（東寺口）、丹波口、長坂口）的警備委託於日蓮宗信徒。日蓮宗同意警備京都七口，相對地也向幕府提出以本圀寺為中心的自治權，包括政治上的自主和自行徵收町地子（對於水田、旱田、房屋分別課以雜稅）。

日蓮宗的要求等於是要將朝廷及幕府所在之地從幕府獨立出來，引起朝廷、公卿、幕府及京都寺社的不滿。在這些勢力的要求下，細川晴元決定與一向宗達成和解（數年後以公卿三條公賴三女為養女與證如長男成親）。經過數年準備，天文五年（一五三六）七月，細川晴元、六角定賴、延曆寺、三井寺、東寺、興福寺等畿內佛教勢力共三萬餘人對抗洛中二十一寺日蓮宗勢力（石山本願寺雖未參戰，但提供作戰物資）。結果日蓮宗慘敗，不僅洛中二十一寺盡遭焚毀，據說有三千至一萬名信徒遭到屠戮（天文法難），日蓮宗勢力被逐出畿內，是為「天文法華之亂」。

天文十六年（一五四七），在六角定賴的仲裁下，日蓮宗獲准返回畿內，洛中二十一寺有十五寺獲准重建。

日本的副王

三好元長切腹後，十一歲的長男千熊丸成為當主，在晴元全

●天文一揆 vs 天文法華之亂

	天文一揆	天文法華之亂
時間	1532 年（享祿五年）	1536 年（天文五年）
宗派	一向宗（淨土真宗）	日蓮宗（法華宗）
起因	晴元求助於一向宗對抗三好元長與畠山義堯	日蓮宗要求京都自治、徵稅權引發朝廷與寺社不滿
結果	一向宗擊敗元長，導致三好元長切腹	日蓮宗大敗，三千到一萬人被殺，勢力逐出畿內

力對付一向宗和之後日蓮宗的幾年內，千熊丸元服，自稱孫次郎，改名利長（後又改名範長、長慶，後文以長慶稱之）。天文八年（一五三九）一月十四日，長慶率領二千五百部眾上洛向晴元效忠，晴元贈以去年織田信秀獻上的獵鷹，數日後再邀請一同觀看觀世（能樂流派之一，與寶生、金剛、金春並稱「大和四座」，據說名稱出自該派始祖觀阿彌及其長男世阿彌）能（長江正一，《三好長慶》）。長慶在酒宴中向晴元提出繼承父職河內十七處代官的要求為晴元所拒，因為晴元在三好元長死後已任命三好政長出任職務，此舉增添長慶對晴元、政長二人之憎恨（據黑部隆弘的研究，長慶向晴元要求河內十七處代官似乎並無其事）。

天文十一年（一五四二），長慶出兵援助被木澤長政進攻的畠山稙長（畠山政長之孫），三月十七日在太平寺（大阪府柏原市）一役討伐木澤長政，成功除去父親的仇人之一。之後數年，長慶為站穩畿內而與以攝津、河內、和泉三國為據地的細川高國餘黨細川氏綱（細川尹賢之子、高國養子）作戰，由於一向宗的據點石山本願寺也在攝津國，雙方進行和解，彼此互相餽贈，宗主證如甚至出資辦理三好元長十三回忌法會（天文十三年六月十八日）。

長慶擴張過程中雖也遇過挫折，但他總能從四國得到援軍——率領阿波國（此為三好氏發源地）眾的長慶二弟實休（本名之康，後改名義賢）；繼承安宅氏以洲本城（兵庫縣洲本市山手）、由良城（兵庫縣洲本市由良町）為據點，統率淡路水軍眾的長慶三弟安宅冬康；繼承十河氏、率領讚岐國眾的長慶四弟十河一存——進而反敗為勝。天文十六年（一五四七）七月舍利寺（大阪市生野區舍利寺一丁目）之戰後，細川氏綱再也威脅不了長慶。

長慶的下一個目標是同族的三好政長，為達此目的與近江守護六角定賴、河內守護代遊佐長教結盟（娶後者之女為繼室）。接著於天文十八年（一五四九）六月十二日討伐另一殺父仇人三好政長（江口之戰）。三好政長一死，細川晴元如失兩翼，手中兵力不足以與長慶對抗的他，帶著年輕且剛上任的將軍義藤（義晴長男，即人稱「劍豪將軍」義輝）以及退位將軍義晴避居近江坂本。

如此一來，京都出現沒有將軍和管領的窘境，為此長慶擁立曾是他手下敗將的細川氏綱為管領進入京都，他則定居在木澤長政的居城飯盛山城（數年後遷移至現屬大阪府高槻市的芥川城）。長慶不願做出廢立將軍之舉，儘管義藤多次興兵，長慶將其擊敗後仍寬大對待。

天文十八年以後長慶成為畿內的霸者，全盛時期統治山城、大和、攝津、河內、和泉、丹波、讚岐、阿波、淡路全部以及播磨、伊予一部分（相當於大阪府、奈良縣、香川縣、德島縣全部，京都府、兵庫縣大部分及愛媛縣一部分），繼細川政元後又一幾乎統一畿內的實力者，其政權被稱為「三好政權」，長慶本人也被稱為「日本的副王」（雖不確定是出自何人，但有可能是來自天主教傳教士）。

山陰、山陽的動向

戰國之鑰

中國地方戰國勢力演變

明德之亂↓山名氏挫敗
←尼子經久奪回月山富田城
←尼子經久掌控出雲，擴張勢力
←郡山合戰↓尼子晴久攻毛利失敗
←尼子晴久肅清新宮黨↓實力大減
←嚴島之戰↓毛利統一山陰山陽

山陰、山陽（合稱中國地方）的傳統強權東為山名氏、西為大內氏，山名氏在義詮、義滿時期聲勢浩大，領有全國六十六令制國中的十一國（因幡、但馬、伯耆、美作、丹波、丹後、和泉、紀伊、山城、出雲、隱岐）而有「六分一殿」之稱。義滿成年後於明德二年（一三九二）發兵討伐尾大不掉的山名氏（明德之亂）。山名氏遭此挫折暫時沒落，之後迅速壯大，到應仁之亂前夕當主山名持豐（宗全）甚至被日野富子找來當兒子義尚的靠山，大亂發生後成為西軍實際指揮官。

宗全死後的山名氏雖不若三管領之一斯波氏陷入下剋上危機，但宗全的兒子們與龐大家系之間的紛爭弱化了家族，以致成為備前守護代浦上氏、出雲守護代尼子氏以及大內氏擴張的對象，領地日益削減最終滅亡（江戶時代旁系成為旗本，明治時代

被授予男爵爵位）。

戰國時代，中國地方東邊的強權為侵攻山名氏的尼子氏。

尼子經久、晴久二代的擴張

尼子氏出自四職之一京極氏（家紋同為「平四目結」），京極氏全盛時期曾身兼出雲、隱岐、飛驒、上總、石見等國以及近江半國守護，其庶流尼子氏先為近江半國守護代，尼子經久之父清定時轉任出雲守護代。尼子經久大概在文明九年到十一年間（一四七七－一四七九）繼承父職，以月山富田城（島根縣安來市廣瀨）為統治出雲的據點。

京極氏於應仁之亂期間因御家騷動（京極騷動）而步上與斯波氏、畠山氏同樣後塵，既然主家式微，經久自然而然萌生取而代之的野心。

山本浩樹引用《陰德記》（由江戶時代岩國領家老香川正矩編纂，與其次男香川景繼撰述的《陰德太平記》並非同一本書）的內容，提及經久押領（中世紀的法律用語，有霸佔、侵奪之意）出雲守護京極政經（尼子經久的「經」字拜領其名）在富田的寺社領，而與支持守護的三澤、三刀屋等國眾發生糾紛。守護京極政經大怒，下令三澤、三刀屋、朝山、廣田、櫻井、塩冶、古志等國眾將經久逐出月山富田城，再任命出力甚多的西出雲國眾塩冶掃部助（名諱不詳，掃部即掃部寮，隸屬太政官宮內省，主掌宮中行事時的運作及殿內的清掃，其次官即掃部助）為新守

「十一州太守」尼子經久

護代。

今谷明指出當時出雲、伯耆、安藝、備後盛產優質鐵礦，經久以守護代身分每年從鐵礦貿易中抽取高達五百貫的收入而壯大，為出雲守護忌憚才以聽於己命的塩冶取而代之（今谷明，《戰國時期》岩波日本史第五卷）。

文明十七年（一四八五）正月，經久得到有交情的鉢屋賀麻黨協助，變裝成表演藝人混進月山富田城，再趁四下無人打開城門，讓埋伏在外的軍隊入城，一番激戰後，塩冶掃部助戰死，經久也順利奪回月山富田城（山本浩樹，《西国の戦国合戦》戦争の日本史12）。

永正五年（一五〇八），出雲守護京極政經病逝，由於政經長男材宗早他而逝，臨去前與經久和解，囑咐他與多賀伊豆守（名諱與經歷皆不詳）照料年幼的長孫吉童子丸，此舉等同默許經久只要同意照料吉童子丸便能領有出雲一國。此後經久陽奉吉童子丸、背地裡征討不順從的國眾，歷經約十年（永正十五年，一五一八），經久讓三男興久繼承頗具影響力的塩冶氏後，除依舊頑抗的三澤氏外幾已統一出雲。

接著經久對外擴張，目標針對國內沒有強大守護的備後、安藝、石見三國，由於這三國國眾奉為主君的大內義興已擁戴足利義稙前往京都聯合細川高國對抗細川澄元，經久所到之處，三國國眾多數歸降（包括日後雄踞山陰、山陽的毛利氏）。

經久風光的背後付出長男政久戰死、三男塩冶興久背叛的慘痛代價，在沒有選擇的情形下經久立長孫詮久（政久長男，之後改名晴久）為繼承人，並於天文六年（一五三七）隱居。被稱為「十一州太守（出雲、隱岐、石見、伯耆、安藝、備後、備中、備前、美作、因幡、播磨）」的經久，實際控制範圍只有出雲、隱岐、石見、伯耆等山陰地區，與他「十一州太守」的稱號名實不符，之所以如此與經久擴張速度過快不無關聯。

在這種情形繼任當主的詮久，只有提高自身在他們心目中的地位才能消除家臣及各地國眾對其領導統御能力的質疑（這點之後武田勝賴也面臨到相同困境），為此詮久毅然決然發動一場規模龐大的戰爭，即天文九年（一五四〇）八月起的吉田郡山城之戰（也稱為郡山合戰）。

吉田郡山城（廣島縣安藝高田市吉田町）是安藝國眾毛利氏的居城，前代當主毛利幸松丸迫於經久的武力而臣從。幸松丸夭折後成為當主的元就（幸松丸生父之弟）背棄尼子，選擇投靠大內義興而成為詮久討伐的對象（亦有殺雞儆猴意味）。

毛利氏因兵力有限選擇籠城並向大內氏告急求援，大內氏當主義隆（義興長男）派遣重臣陶隆房（之後改名晴賢）率軍馳援。天文十年（一五四一）一月，籠城的毛利軍與陶軍攜手重擊尼子軍，損兵折將（經久之弟久幸戰死）的詮久判斷已無獲勝機會，連夜撤軍（經久也在該年十一月病逝）。

原本想以勝仗在家臣及國眾間建立威望的詮久，反因落敗失去他們的擁戴。此後詮久為洗雪此役之辱持續征戰，天文二十一年（一五五二）為將軍義藤任命為因幡、伯耆、備前、美作、備後、備中六國守護，再加上既有的出雲、隱岐為八國太守。然而，前述六國境內都有能與詮久抗衡的勢力存在（如因幡、伯耆有山名氏、備中有三村氏、備後有受大內、毛利支援的國眾、備前、美作有浦上氏），與經久的情況相去不遠，但，毛利氏構成的威脅甚於經久之時。

天文二十三年（一五五四）十一月一日，詮久肅清尼子氏戰力最強的新宮黨，以叔父為首的國久、誠久（國久長男）、敬久（國久三男）、吉久（誠久次男）等國久一門幾遭屠戮。

通說認為詮久中了毛利元就的反間計而自斷雙臂，現在則普遍認為國久、誠久的傲慢跋扈激怒詮久，為顧全家族詮久藉由元就的反間計將其除去（尼子家臣河本隆政在尼子氏滅亡後撰述

●尼子經久、晴久二代的發展

1477-1479	尼子經久繼承出雲守護代，以月山富田城為據點
1485	尼子經久被逐出月山富田城後，成功順利奪回月山富田城
1518	尼子經久幾已統一出雲，開始對外擴張
1537	尼子經久控制出雲、隱岐、石見、伯耆等山陰地區，被稱為十一州太守，隱居
1540-1541	尼子晴久對毛利元就發動吉田郡山城之戰，大敗撤退，經久病逝
1554	尼子晴久肅清新宮黨，導致尼子家戰力重創

《雲陽軍實記》採此說）。不管詮久的動機為何，新宮黨覆滅導致尼子戰力一落千丈，最後為毛利氏消滅。

大內氏的興衰

大內氏與山名氏都是室町初期便身兼數國守護的強大勢力，當然也成為義滿極欲削弱的勢力。明德之亂後數年，應永六（一三九九）年十月，身兼周防、長門、豐前、石見、和泉、紀伊六國守護的大內氏當主大內義弘在堺掀起反旗。為確保勝利，大內義弘密謀與第三代鎌倉公方足利滿兼東西夾擊京都。足利滿兼因關東管領上杉憲定勸阻而作罷，箭在弦上的義弘只得獨自起事（應永之亂），兩個月後為義滿平定。

應永之亂雖使大內氏一時式微，然應仁之亂期間當主大內政弘應山名宗全之邀上洛成為西軍主力。政弘長男義興更率軍護衛「流浪公方」義尹（義稙）上洛復位，不難看出政弘、義興時期的大內氏，國力之強不下於義弘之時。

永正十五年（一五一八）八月，在京都一待近八年的大內義興返回山口，返回領地的義興面臨尼子經久入侵備後、安藝、石見三國，包括毛利氏在內的三國國眾多倒向尼子氏。

義興的難題不止尼子氏，大永三年（一五二三）四月，大內義興派出三艘遣明船先行到達寧波府（現浙江省寧波市，明代在此設置負責海上貿易機構市舶司），數日後細川高國派出的遣明船（船隻數量不明，推測應與大內相當）也抵達寧波。由於日明貿易獲利驚人，雙方互不相讓遂在紹興外海開戰（寧波之亂）。後來明的官員認定細川氏才是正規遣明船，大內氏因假冒而被禁止日明貿易。之後高國敗死，獲勝的細川晴元也因元氣大傷無力派出遣明船，天文八年（一五三九）、天文十六年（一五四七）兩次日明貿易由之後的大內氏當主義隆獨自出資進行（分別於天文九年、天文十八年抵達寧波）。

享祿元年（一五二八），大內義興病逝，長男義隆繼承父祖時期的周防、長門、石見、安藝、豐前、筑前等六國守護，是大內氏最後當主。由於出資贊助後奈良天皇即位式而得到太宰大貳的叙任（之後成為中世紀罕見的武士出任兵部卿），成為朝廷命官的他在九州方面與少貳氏、大友氏的爭戰中不僅佔了優勢，也得到不少國眾的歸附。其居城山口（山口縣山口市）在歷代當主經營下，府邸寺院無不金碧輝煌，且因長期的強盛安定，吸引各地匠人、騷人墨客（畫聖雪舟等楊曾客居多年）、伶人聚集，義興曾收容「流浪公方」多年，不少落魄公卿、幕臣也尾隨將軍客居在此，公家、武家、在地武士、匠人、伶人等各種文化匯聚於此，文化之高是其他守護大名、戰國大名的居館難以比擬，故有「西之京」稱號（或「小京都」）。

集眾多優勢於一身的大內義隆，在郡山合戰後也動員領地家臣及各地國眾遠征月山富田城（天文十一年一月）。由於大內兵力眾多（確切數量不詳，應有數萬之眾），出雲國眾聞風而降，但在包圍拒降的瀨戶城（也稱赤穴城，島根縣飯石郡飯南町）主赤穴光清時遭遇損兵折將的苦戰才攻下。赤穴氏的奮戰激勵尼子的軍心，在前往月山富田城的路上大內軍付出慘痛的傷亡，糧秣的補給使大內軍重蹈尼子軍在郡山合戰的覆轍。

五月初，大內義隆不得不下令撤軍，一旦撤軍，原先扈隨的各地國眾如出雲的三刀屋氏、三澤氏，備後的山名（杉原）氏、安藝的吉川氏紛紛向尼子氏輸誠，反過來攻打撤退中的大內氏。於是大內義隆指定安藝國另一國眾毛利元就負責殿後抵擋追兵，以爭取更多大內軍撤退的時間。經過一番折騰（渡邊通等七名武將代元就戰死），毛利元就總算從出雲經石見逃回吉田郡山城。經海路先行撤退的大內義隆在半途船隻翻覆，養子晴持（土佐一條氏第二代當主一條房冬次男）溺死。

養子溺死及國眾眾叛親離的雙重打擊，義隆將政事交給相良武任、冷泉隆豐等文臣不再過問，引起以陶隆房（陶晴賢）、內藤興盛為主的武將怨恨。天文二十年（一五五一）八月二十八日，陶隆房起兵進攻山口，大內義隆棄城逃往西北方的大寧寺（山口縣長門市深川湯本），最終在該地絕望自裁（大寧寺之變）。

「下剋上」的陶隆房不敢自立，而是迎義隆另一養子大友晴英（大友氏前任當主義鑑次男、現任當主義鎮之弟，後改名義長）為當主，此舉應是為改善與大友氏的緊張狀態。不過，毛利元就也趁機統一安藝國，並趁尼子、大內（陶）爭奪石見銀山壯大。天文二十四年（一五五五），毛利元就於嚴島之戰擊敗陶隆房，進而消滅大內氏，最後在與尼子氏決戰中獲勝，成為山陰、山陽地區的霸主。

●毛利元就發展進程

事件	結果影響
尼子晴久攻打吉田郡山城	毛利元就求助大內氏，成功抵抗尼子
大內義隆遭部將陶晴賢逼死	大內政局動盪，毛利趁機壯大
嚴島之戰，擊敗陶晴賢	奠定毛利勢力於中國地方的霸權
擊敗尼子氏，統一山陰山陽	毛利成為中國地方的戰國霸主

東海地區的起伏

戰國之鑰

今川義元的手段

◎內部整頓（處理家督之爭）
◎母親輔政與法典制定（政治制度化）
◎聯姻外交（化解敵對）
◎控制鄰國勢力（吸收松平家、對抗織田）

「海道第一弓手」今川義元

伊勢宗瑞之妹（或姊）與今川氏當主生下的嫡男龍王丸（氏親），因宗瑞的果斷處置成為繼任當主，永正初年（一五〇四—〇八）氏親娶公卿正二位權大納言中御門宣胤之女（名不詳，氏親死後出家，法號壽桂尼，有「駿河的尼御台」之稱）。大永六年（一五二六），氏親病逝前在壽桂尼及其他家臣的協助下，制定並頒布東海道最早的分國法《今川假名目錄》。氏親制定分國法最初是為保障嫡男龍王丸（幼名與其父氏親相同）能繼承當主，並讓壽桂尼以後見身分輔佐，意外促成壽桂尼在駿河超過四十年的輔政，繼細川政元之姊洞松院後又一有「戰國女大名」美稱的女性。

《今川假名目錄》對於鄰近的甲斐國制定的《甲州法度次第》之影響也非常深遠，杉山博指出《甲州法度次第》最初的二十六條文（之後改訂增補到五十五條）中有十二條內容幾乎與《今川假名目錄》一致（杉山博，《戰國大名》）。

龍王丸元服改名氏輝，身體病弱的他難以親政，主政的壽桂尼維持義忠、氏親兩代以來與後北條氏友好的關係，但在北邊因國眾歸屬問題與甲斐武田氏當主武田信虎作戰。天文五年（一五三六）三月，氏輝病逝，沒有子嗣的他只能從兩位已出家的弟弟中選擇繼任者，於是展開以玄廣惠探和梅岳承芳為中心的御家騷動。

通說認為梅岳承芳因是氏親嫡子得到多數家臣擁戴——尤其是生母壽桂尼和輔役太原崇孚——而佔有絕對優勢，不過，黑田基樹從《言繼卿記》記載的內容指出從永正十四年到十六年（一五一七—一五一九）間，壽桂尼接連生下彥五郎、瑞溪院（北條氏康正室）、龍泉院（今川家臣瀨名貞綱正室）、梅岳承芳四名子女的可能性不高，進而質疑梅岳承芳生母另有其人，而非壽桂尼（黑田基樹，《北条氏康の妻　瑞渓院》）。

若真如此，梅岳承芳與玄廣惠探爭奪繼承人資格便非關嫡庶，而是在於誰能爭取更多家臣的支持，最後由梅岳承芳獲勝，還俗改名義元（花倉之亂）。還俗翌年，義元娶甲斐守護武田信虎長女定惠院（名不詳，同母弟為武田晴信、信繁、信廉），藉由這樁政略婚姻一舉解決長年來的對立局勢。北、東方面的強權（甲斐武田氏、後北條氏）皆是姻親的義元在無後顧之憂的情形下朝西邊的遠江、三河發展。

室町初期遠江國原為今川氏領國，南北朝統一之後（明德三年，一三九二），功高震主的九州探題今川貞世（今川氏庶流，其後裔以瀨川為姓）為足利義滿解職，並將遠江國作為足利氏一門斯波氏的領國。應仁之亂後，斯波氏因嚴重的繼承人紛爭致越前為守護代朝倉氏所奪、尾張為守護代織田氏所奪，僅存的領國遠江也不敵今川氏。義元之父氏親被幕府任命為遠江守護（氏輝、義元亦然），由於與北鄰甲斐武田氏及東鄰後北條氏結盟，義元的擴張之路僅剩西邊的三河。

「海道第一弓手」今川義元

三河原為四職之一一色氏的領國，全盛期的一色氏身兼丹後、若狹、三河、山城四國守護。不過，身兼此四國守護的一色氏當主一色義貫為足利義教殺害並分割其領地後，曾經的四職筆頭一色氏從此一蹶不振。一色氏式微後三河守護一時由細川氏分支阿波守護家出任，但阿波守護家實力不足，旋為該國國眾松平氏取而代之。松平氏居住三河國甚久，直至第七代當主松平清康才初步統一三河，不久清康在出兵尾張織田氏時，於尾張境內守山城（愛知縣名古屋市守山區）遭到家臣殺害（史稱「守山崩」）。

清康闇弱的繼承人廣忠夾在織田、今川二強之間，無法維持中立的他只能依多數家臣的意願成為今川氏的附屬。活躍於尾張、三河國境的國眾水野信元選擇依從織田氏，松平廣忠為忠於今川氏而忍痛與正室——水野信元之妹——於大之方（本名大子，出家後號傳通院）別離，更以送出長男竹千代到駿河當人質來傳達與水野氏劃清界線的決心。

如此一來三河納入今川氏勢

力範圍，織田家當主信秀入侵三河便等於對抗今川氏，今川義元當然不會坐視不理，三河遂成為織田、今川爭奪的俎上肉。天文十八年（一五四九）三月六日，松平廣忠因不明原因死去，得年二十四歲（比其父清康還短命）。

戰·國·小·知·識

妖刀村正

依通說，松平廣忠是被名為岩松八彌的側近持刀行刺，由於與清康同樣死於刀下，因此附會出「妖刀村正」的詛咒。不過，為家臣所弒似乎出自江戶時代的虛構，純粹病逝的說法近來更被採納、接受

廣忠逝後，松平家因唯一嫡男竹千代在駿河當人質而沒有當主，義元藉機併吞三河，並讓松平家臣成為與織田作戰的前鋒，領有駿（河）、遠（江）、三（河）三國的「海道一の弓取り（海道第一弓手）」今川義元，著手布局他的下一步。

織田、齋藤從敵對到同盟

打從足利尊氏成立室町幕府之始，便將美濃封給鎌倉時代有力御家人土岐氏當主土岐賴貞，除土岐賴康、康行父子曾兼任尾張、伊勢守護（約三十餘年）外，大致上土岐氏只領有美濃一國，與動輒身兼數國守護的三管四職相比，土岐氏的勢力小了許多。

應仁之亂期間，原本保持中立態度的守護土岐持益病逝後，守護代齋藤利永之弟妙椿（實名不詳）擁立的土岐成賴立場傾向西軍（與其說是守護的立場不如說是守護代的立場），因而招來近江半國守護京極持清出兵進犯，齋藤妙椿引近江另半國守護六角高賴為己助陣，成為戰場的美濃國大亂。

幾年後齋藤妙椿去世，利永之子利藤和妙椿養子利國（法名妙純）因權力歸屬而對立（兩人都是利永之子，卻是異母兄弟），而土岐成賴的繼嗣問題則擴大為家臣間的對立。土岐成賴共有四男，長男政房（生母為齋

藤利永之女）本為繼承人，但他寵愛最小的元賴並在其生母的慫恿下有意廢嫡，土岐成賴此舉不僅激起土岐政房、齋藤妙純與土岐元賴、石丸利光（妙純家臣）的對立，還把南鄰尾張織田氏（還有越前朝倉氏、近江京極氏及六角氏）也捲進其中。

尾張守護斯波氏沒落後，上四郡（丹羽、羽栗、中島、春日井）守護代織田伊勢守家（織田氏嫡系，也稱岩倉織田氏）當主織田兵庫助寬廣支持齋藤妙純，對抗支持石丸利光的下四郡（海東、海西、愛知、知多）守護代織田大和守家（也稱清洲織田氏）當主織田敏信，因而引發濃尾兩國的內戰（船田合戰）。船田合戰歷時一年餘（明應四年—五年，一四九五—九六年），最後結局為土岐元賴、石丸利光切腹、土岐成賴隱居，土岐政房成為當主，經此一役土岐氏成為守護代齋藤氏的魁儡。二十多年後，同樣戲碼又發生在土岐政房身上，他在長男賴武（又名政賴、盛賴）與次男賴藝之間舉棋不定，齋藤妙純於船田合戰結束後不久死去，其角色改為齋藤氏執事長井長弘以及長井的家臣西村勘九郎（又名長井規秀、齋藤利政，天文四、五年間出家以道三為號）。

隨著土岐賴藝極欲謀取守護之位，對足智多謀的勘九郎到了事無大小悉以諮之的程度，先後讓他冠上長井、齋藤的苗字，可見對其仰賴之深。勘九郎在為土岐賴藝出謀劃策的同時也藉機剪除支持賴藝的勢力。天文十一年（一五四二）八月，齋藤利政從稻葉山城（岐阜縣岐阜市金華山）起兵包圍賴藝所在的大桑城（岐阜縣山縣市大桑），不過，齋藤利政並未殺害賴藝，只是將他逐出美濃。被逐出美濃的賴藝及他的同母、異母弟弟們成為鄰近美濃諸國勢力的座上賓，這些虎視眈眈的勢力無不抱持擁戴土岐氏成員返國復位並趁機分一杯羹的想法，其中尤以尾張的織田信秀最為積極。

織田信秀並非出身尾張上四郡守護代伊勢守家或下四郡大和

守家，而是出自大和守家三奉行（尾張下四郡守護代大和守家的三名老臣，分別為因幡守家、藤左衛門家、彈正忠家，皆是大和守家的分支）之一的彈正忠家。伊勢守家與大和守家的征戰削弱彼此實力，給了彈正忠家新當主織田信秀壯大的機會，成為尾張國最強大的勢力。最初，信秀將擴張的目標指向松平清康死後的三河，並與介入三河的今川義元作戰。齋藤利政竊取美濃後，擁戴土岐賴藝返回美濃成為信秀出兵的口實，不過，若說領有駿河、遠江二國及部分三河的今川義元是個強敵，那屢屢以智謀挫敗信秀的齋藤利政也是無法小覷的強敵。

齋藤利政固然是強敵，只要信秀放棄擁戴賴藝，未嘗不能與齋藤利政化敵為友。想通這點的信秀先是與主君大和守家和解（天文十四年，一五四五），繼而將三河豪族獻上的人質竹千代與被俘的安祥城主信廣（信秀庶長男）交換（天文十七年，一五四八），以取得與今川義元的停戰。也在這一年，信秀嫡男（信廣之弟，但為嫡出）信長（天文十五年元服，改幼名吉法師為三郎信長，翌年於三河進行初陣）與齋藤利政女兒歸蝶完婚（谷口克廣，《信長の天下布武への道》戦争の日本史13，關於兩人成婚的時間亦有翌年之說）。

天文二十年（一五五一）三月，織田信秀死去（杉山博，《戰國大名》）。谷口克廣則指出《定光寺年代記》記錄的天文二十一年三月說最為可信（谷口克廣，《信長の天下布武への道》戦争の日本史13），嫡男信長成為繼任當主，內有擁戴同母弟信勝的家臣，外有已經完全掌控三河的今川義元，雖有姻親齋藤利政為恃，但利政所處的美濃亦有亂事，未必能成為信長的後盾，在內憂外患的局勢下，信長該如何面對並成為最為耀眼的戰國明星？

第三章

霸王上洛

一五五五年到一五六八年

甲斐武田氏與越後長尾氏的龍虎相爭

戰國之鑰

信玄與謙信

武田信玄：內平外拓到信濃爭霸
信虎統一甲斐↓晴信政變奪位↓攻滅諏訪佐久↓初戰村上敗↓捲土重來統一信濃

長尾景虎：越後再興與名分奪回
平亂奪權↓收憲政為父↓上洛受敕↓闖關東奪古河↓繼任上杉與關東管領

川中島：雙雄爭鋒的高峰
村上投靠越後↓甲越展開五戰↓第四戰最激烈↓互有死傷↓戰後形成對峙

武田晴信自立與擴張信濃

甲斐武田氏自鎌倉幕府成立以來便以甲斐國為據地，不過，武田氏長期只領有甲斐國東邊山梨、八代、都留三郡，西邊巨摩郡掌控在有力國人逸見氏之手，一分為二的局面直到第十八代當主武田信虎才有所改變。信虎繼任當主時只有十四歲，翌年討平叛亂的叔父油川信惠、岩手繩美，接著降伏協助叔父的國眾們，最大的兩股國眾為河內地方（山梨縣甲府市、南都留郡富士河口湖町、南巨摩郡身延町、南部町、富士川町一部分，大致上位於現甲府市南部到西南部）國眾穴山氏和郡內地方（山梨縣大月市、都留市、上野原市及北都留郡小菅村、丹波山村和南都留郡道志村，大致位於甲府市東邊到武藏、相模國境）國眾小山田氏，並使其成為姻親以懷柔之（信虎次女嫁給穴山信友，所生之子即日後背叛勝賴的穴山信君；信虎的姊妹嫁給小山田信有，日後背叛勝賴的小山田信茂是其子孫）。在降伏穴山氏與小山田氏期間，信虎於永正十七年（一五二〇）與武田氏庶流大井信達和解，以其女為正室（翌年生下嫡男太郎）。

信虎除與穴山、小山田二氏作戰外，也與背後支持他們的今川、後北條二氏作戰，好在今川、後北條也有各自征討的對象，並未將心力全放在甲斐上。杉山博指出信虎於天文三年（一五三四）發布的制令（制度與法令）已確定其為甲斐國的最高權威（杉山博，《戰國大名》），可見在此之前已統一甲斐，並將居館從石和館（山梨縣甲府市川田町，也稱川田館，築於信虎祖父信昌之時）遷徙至躑躅崎館（甲府市古府中町，現為武田神社）。為了與後北條氏作戰，信虎為長男迎娶扇谷上杉朝興之女為妻，希藉與扇谷上杉氏的合作將後北條氏逐出甲斐，不過，兩氏的友好關係隨著扇谷上杉朝興之女死於難產而結束。

天文五年（一五三六），信虎嫡男太郎元服，改名晴信（之後出家以德榮軒信玄為法名），被授予從五位下大膳大夫，並在今川氏新當主義元的媒介下娶正二位權大納言三條公賴次女為妻（三條之方）而與細川晴元成為連襟（三條公賴長女為細川晴元正室）。為投桃報李，翌年信虎將長女定惠院嫁與今川義元，雙方締結婚姻同盟，這個同盟不僅保障甲駿國境，更因今川與後北條的友好間接保障甲相國境的安定。

確保國境東南與南方無虞後，信虎著手進軍信濃。天文十年（一五四一）六月十四日，信虎、村上義清、諏訪賴重瓜分海野氏領地凱旋歸來，等待他的卻是家臣擁護長男晴信為當主，並連繫今川義元將信虎流放至駿河。

成為當主的晴信旋即入侵並平定父親的盟友諏訪氏，納其女諏訪御寮人（原為對貴人子女的敬語，後專指貴人之女，也可簡略為「御寮」或寫成「御料」，不同於指貴人之妻「御前」）為側室（晴信繼承人勝賴之生母），同時也對信虎先前出兵的佐久展開攻擊（諏訪口和佐久口是甲斐進入信濃唯二路線），儘管過程過於殘酷，最終仍將其平定。平定佐久時晴信勢力伸入北信，與當地國眾村上義清起了衝突。因先前的連勝使晴信過於輕敵以至在上田原和砥石城（皆位於長野縣上田市）吃下兩場敗仗，痛失板垣信方、甘利虎泰及橫田高松等宿老。

儘管有上田原和砥石城的敗仗，晴信並未停下侵略信濃，信濃守護小利原長時失去林城（長野縣松本市）、村上義清失去葛尾城（長野縣埴科郡坂城町）後無法再於信濃立足，於天文二十二年（一五五三）前後雙雙投靠統一越後的長尾景虎。為統一信濃的武田晴信與為奪回被晴信侵吞領地的長尾景虎，便在犀川與千曲川沖積成的三角洲川中島（長野縣長野市）一帶展開五次作戰（川中島合戰）。

越後長尾氏的崛起過程

前文提及在室町幕府職制下，上杉氏世代為關東管領輔佐鎌倉公方，上杉氏嫡系為山內上杉，下分扇谷上杉、犬懸上杉、宅間上杉、越後上杉等諸分支。長尾氏為山內上杉氏家宰，其嫡系為白井長尾氏（後為總社長尾氏，兩者據地皆在上野國），在關東尚有鎌倉、犬懸、足利等多支長尾氏，在越後則有府內（頸城郡，新潟縣糸魚川市、妙高市、上越市全部及十日町市一部分）、古志（古志郡，長岡市、小千谷市、見附市一部分）、上田（魚沼郡，現魚沼市、南魚沼市、中魚沼郡、南魚沼郡全部及長岡市、十日町市、小千谷市一部分）、三條（蒲原郡，新潟市以東除村上市、關川村以外的部分）等多支長尾氏。當中以府內長尾氏實力最強（越後國府、國分寺、總社均位於此地），代代皆為越後守護代，到第六代當主長尾能景已掌控越後實權，但也因此招來各方討伐，在與越中一向一揆作戰時陣亡。

繼任當主為景主動出擊與之敵對的越後守護上杉房能（出自越後上杉家），落敗的上杉房能自裁，越後上杉家直系斷絕，長尾為景以上杉房能叔父之子定實（出自越後上杉氏分支上條上杉氏）為房能養子並繼任越後守護。上杉定實在越後既無根基，本身也毫無能力，徒為長尾為景的傀儡。

當時的關東管領上杉顯定（為山內上杉家養子）是房能的兄長，率軍跨越上信越國境的三國峠（新潟縣南魚沼郡湯澤町）進入越後（越後並非關東管領的轄區，出兵顯然私仇成分較大）討伐長尾為景。進入越後國境後，不少對長尾為景反感的國眾紛紛投靠顯定，自知不是敵手的長尾為景帶著他擁立的傀儡逃往越中。

長尾為景在越中駐留一年，循海路經佐渡、蒲原津（新潟市）、寺泊（長岡市）、柏崎（柏崎市）反攻為上杉顯定霸佔的府內。不得人心的上杉顯定見狀趕緊撤離，撤離至上越國境的長森原時遭信濃國眾高梨政盛（其姊妹為長尾能景正室、為景生母）突擊敗死（永正七年，一五一〇）。

雖然先後迫使越後守護、關東管領自裁，不過長尾為景依舊無法掌控越後，尤以揚北眾（鎌倉時代至戰國時代割據越後北部的國眾，「揚北」指阿賀野川北岸，包含本庄氏、色部氏、中條氏、黑川氏、新發田氏、竹俣氏、五十公野氏。部分揚北眾在為景之子景虎時陸續歸附，隨著景虎養子景勝轉封會津，揚北眾跟隨轉封而自然消滅）的反抗最令為景苦惱，最終為景也在四處征戰中逝去（不清楚是病逝或戰死，連逝去之年也無定說，依渡邊世祐《室町時代史》、杉山博《戰國大名》，長尾為景去世時間為天文五年十二月二十四日。山本隆志依近年發現的《越後過去名簿》判斷應在天文十年十二月二十四日）。

為景長男晴景性格迴異其父、祖，體弱多病且沉溺酒色，父祖時期平定的勢力在各地拉幫結派，這些蠢蠢欲動的各地勢力卻無法撼動晴景的統治，究其原因在於長尾家有個萬夫莫敵的勇將長尾虎千代（晴景之弟，元服後改名景虎，日後的不識庵謙信）。

依通說景虎是為景四男，但晴景與景虎之間的次男、三男很少被提及，或是雖有名字（景康、景房）但生平不詳，事蹟遠不如他們的姊妹仙桃院（上田長尾家當主長尾政景正室，景虎養子景勝生母）來得詳盡。景虎在軍事方面的天賦使他在平定越後國內叛亂的同時逐步累積聲望，到後來聲望甚至超越兄長，取代兄長成為越後守護代的聲音在家臣中逐漸成為共識。天文十七年（一五四八）十二月，在越後守護上杉定實的調停下，長尾晴景同意隱居，長尾景虎成為春日山城（新潟縣上越市春日山町）的主人。

甲相駿三國同盟

天文十九年（一五五〇）二月二十六日，越後守護上杉定實病逝，定實無子以致越後守護空缺，懾於景虎之威包括揚北眾在內的越後國眾無人敢覬覦守護之職。另一方面，在關東山窮水盡，終於無法立足的關東管領山內上杉憲政於天文二十一年（一五五二）三月前往越後投靠長尾景虎（天文二十一年的說法似乎已非主流，目前以弘治末期到永祿初期——一五五六到五八——之間的說法較為有力）。越後上杉氏是府內長尾氏的主君，而山內上杉氏又是越後上杉氏的本家，長尾景虎對這位家格高出自家甚多的落難主君絲毫不敢怠慢，特地建造御館（新潟縣上越市五智一丁目，現為御館公園）作為其起居作息之地（景虎有時亦充作政廳之用）。

安定下來的上杉憲政對景虎的貼心之舉感激萬分，遂收景虎為養子（此舉意味景虎日後不僅有可能繼承山內上杉的苗字，還包括山內上杉代代繼承的關東管領職）。景虎收留山內上杉憲政意味對舊秩序的肯定，將軍義輝得知景虎的義舉後讓他代理越後守護，等同默認他為越後國主，為加強景虎的威望還打通朝廷為其授予從五位下彈正少弼（彈正台次官，置大弼、少弼各一人）的位階和官職。

景虎旋於同年九月率領少數隨從上洛向朝廷道謝並贈予金錢、禮物。景虎來到御所拜謁後奈良天皇，得到天皇下賜的御劍（瓜實劍，目前珍藏於上杉神社）、天盃，並得到天皇的「懲治所在國及其鄰國的狂悖之徒」的敕令。景虎原本還打算拜謁將軍，但義輝與三好長慶齟齬而避居朽木谷（指景虎上洛是在弘治末期到永祿初期，若是天文二十一年九月，義藤應在洛北船岡山或近江龍華），依此今谷明指出此道敕令應是朝廷越過幕府直接下達景虎。敕令也未清楚指出狂悖之徒是武田晴信或北條氏康，而由景虎自行認定，景虎遂依該敕令取得出兵甲信及關東的名分（今谷明，《戰國時期》岩波日本史第五卷）。

不過，渡邊世祐，甚至今谷明本人皆認為景虎初次上洛時間是翌年（天文二十二年，一五五三）九月。然而，斯時已發生川中島之戰（第一次，又名布施之戰），儘管甲越雙方並未真正交戰，但面對前所未見的強敵，景虎應該片刻不離戰陣才是。另外，此說必須在山內上杉憲政於天文二十一年前往越後才能成立，若是在弘治末期到永祿初期也難以自圓其說。

天文二十二年九月的初次交鋒，讓晴信和景虎意識到彼此是畢生勁敵，為了解除後顧之憂以全力作戰，景虎先後皈依真言宗、臨濟宗，藉由宗教尋求心靈的寧靜，晴信則將父親時期簽訂的甲駿同盟擴大為甲相駿同盟以斷絕來自甲斐東邊（後北條）與南邊（今川）的威脅。

天文二十三年（一五五四）三月，武田晴信、今川義元、北條氏康在駿河境內善德寺（靜岡縣富士市今泉，現善得寺公園）會面，出於共同的目的而締結有名的「甲（斐）相（模）駿（河）三國同盟」。信虎時期已締結甲駿同盟，相、駿雖因領土

戰國龍與虎，武田信玄與上杉謙信

問題一時交惡（駿河國富士川以東的歸屬而有「河東一亂」），然而，雙方自伊勢盛時已是姻親，氏康的正室瑞溪院還是義元的同母姊妹，「甲相駿三國同盟」便是將甲駿同盟以及相駿的姻親關係延續到下一代去（斯時義元正室定惠院已逝，締結此盟亦有強化甲駿同盟之用意）。

三國同盟締結的前兩年，晴信長男義信（生母為三條之方）與義元長女嶺松院（生母為定惠院）完婚，結盟後陸續完成以下兩樁婚姻：

氏康長男氏政（生母為瑞溪院）與晴信長女黃梅院（生母為三條之方）。

義元長男氏真（生母為定惠

鞭聲肅肅夜過河

院）與氏康之女（排行不確定，並非長女）藏春院（生母似乎為瑞溪院）。

「甲相駿三國同盟」確定了甲、相、駿擴張領地的方向：氏康專注於關東、義元全力往東海發展（已將三河納入版圖的他，下個目標便是尾張）。至於晴信因東、南皆為盟友，只有向信濃擴張一途。不斷進逼信濃的結果招致素來看重大義名分、為義而戰的長尾景虎的干涉，造成晴信和景虎費時超過十年（天文二十二年—永祿七年，一五五三—六四）、多次出兵川中島為爭奪信濃國的歸屬。

天文二十四年（一五五五，同年十月改元弘治）七月，晴信、景虎兩人率軍隔著犀川對峙二百餘日（故稱為犀川之戰）。弘治三年（一五五七）二月中，晴信趁越後積雪未融進攻北信濃國眾高梨氏居城飯山城（長野縣飯山市），四月，越後積雪融化後景虎迅速率兵進入北信濃，奪回為晴信佔領之城（上野原之戰），雙方又恢復到在川中島對峙的情形。雖有零星衝突，但晴信、景虎率領的本隊卻未開戰，可見兩人也在極力避免大軍交戰。

是役結束後，晴信以受封信濃守護為條件與景虎和睦。永祿二年（一五五九）四到五月間景虎再次上洛，依《春日山日記》（別名《上杉軍記》，記載長尾為景、上杉謙信、上杉景勝之事蹟）之記載，「永祿三年（一五六〇）六月十日，管領謙信從越後春日山伴隨近衛殿（近衛前久，前左大臣，時任關白）出發上洛……，上洛人數五千餘，同二十八日抵達京都。」

《春日山日記》記載景虎上洛的時間（應為永祿二年四到五月間）、職銜（應為管領並或關東管領，但得到同意都是在上洛之後）、伴隨人選（景虎結束此次上洛返回越後之際，近衛前久才隨他離京）以及上洛人數（史料價值較高的《言繼卿記》記載只有一千五百人，應較符合史實）似乎都有疑問。

景虎此次上洛拜謁剛踐祚（指前代帝王崩御或讓位由皇太子繼承天子，也寫成「踐阼」）正親町天皇（弘治三年十月）與將軍義輝（天文二十三年二月改名），《春日山日記》記載景虎於七月七日向將軍獻上「御太刀一振（吉光）、御馬一匹、馬代黃金三十枚」（約等於三千兩），將軍生母慶樹（壽）院（已故前關白近衛尚通之女）獻上「有明蠟燭五百挺、緯白（白色棉布）三百端、白銀千兩」，對將軍的御連枝（對貴人兄弟的敬稱，江戶時代專指御三家的支藩，如美濃高須藩、伊予西條藩、讚岐高松藩）一乘院殿（義輝的同母弟，法名覺慶，即之後第十五代將軍義昭）、鹿苑院殿（義晴的末子，生母不詳，僧名周暠，為三好三人眾所弒）也贈予同樣之物，不過，該書卻未記載對天皇的贈物。

永祿三年八月下旬，景虎挾年初戰勝越中守護代神保長職之威，打著前往鎌倉鶴岡八幡宮繼承關東管領的名義率兩萬大軍翻越三國峠進入關東（近衛前久和山內上杉憲政亦在陣中）。景虎進入上野選擇厩橋城（群馬縣前橋市，城主為長野氏）為南下據點，並在此迎來永祿四年。期間仍忠於關東管領或景仰景虎武名的當地國眾前來歸附，因領地被奪走而怨恨或是嫉妒後北條氏以一外來者身分成為關東首強的當地豪族也前來歸附，亦有見景虎勢力而依附的騎牆派，

永祿四年（一五六一）二月下旬，景虎攻陷古河城（古河御所），趕走有後北條氏血緣的古河公方足利義氏（晴氏次男，生母為北條氏綱之女）。獲勝的景虎率領超過十一萬大軍（除兩萬越後軍其餘均是進入關東後附隨的當地國眾）於閏三月十六日來到鎌倉鶴岡八幡宮（主祭神為源氏氏神八幡大菩薩），在近衛前久、山內上杉憲政、足利藤氏（晴氏長男、義氏異母兄）的見證下，景虎繼承山內上杉的苗字及關東管領，拜領憲政的名諱改名政虎（年底拜領義輝名諱改名

輝虎）。

政虎繼任關東管領首要之務為指揮十一萬大軍包圍小田原城。不過，政虎率軍前往關東期間，信玄（晴信大概在永祿元年八月到二年二、三月間出家，即第三次川中島之戰後，法名德榮軒信玄）大肆進軍北信濃，原本為政虎奪取的領地又回到信玄手中，不僅如此，信玄更於千曲川南岸築海津城（長野縣長野市松代町松代，現名松代城），對控制川中島取得有利形勢。儘管有十一萬大軍的包圍，小田原城也非旦夕可下，政虎當機立斷解除包圍返回越後，六月底回到春日山城休息片刻後即刻率大軍前往川中島，這一次（第四次）政虎決心與信玄決戰，也是實質的川中島大戰（也稱八幡原之戰）。

雖然影響力或許不如其他戰役，但第四次川中島之戰稱得上是戰國時代最著名的戰役之一，然而該役的相關資料僅有《甲陽軍鑑》等數本，最詳盡、最完整首推《甲陽軍鑑》（凡論及此役必提此書）。不過，杉山博認為《甲陽軍鑑》的內容頗有疑問，如川中島之戰從天文十六年（一五四七）到永祿四年共十二次與後世的認知出入頗大（杉山博，《戰國大名》，現在認定川中島之戰共五次是渡邊世祐考證的結果），再者，《甲陽軍鑑》在江戶時代衍生出二十七種版本（脇田晴子，《戰國大名》），不同版本的記載不僅迴異，甚且互相矛盾，因此《甲陽軍鑑》的記載不能盡信。

以現代觀點而言，即便傷亡較為慘重，將政虎的影響力逐出信濃的信玄是此役的贏家，此後雙方均避免在信濃決戰（此後甚至不再有大型衝突，永祿七年第五次川中島之戰只稱為塩崎對陣，連「戰」也稱不上，不難想像第四次川中島之戰的慘烈）。

近畿政局的起伏

戰國之鑰

近畿政局

三好長慶奪權崛起 ←
松永久秀掌實權 ←
三好兄弟相繼身亡↓長慶病逝 ←
三好三人眾與久秀掌政 ←
足利義輝恢復幕權失敗 ←
永祿之變將軍被殺↓幕府瓦解

三好長慶及其兄弟殞落

依前章第二節所載，驅逐主君的三好長慶領有之領國及支配者如下（脇田晴子，《戰國大名》）：

阿波——三好實休
淡路——安宅冬康
讚岐——十河一存
攝津、大和、丹波——長慶
重臣松永久秀及其弟長賴
山城——長慶主君細川氏綱，細川高國養子

之後陸續擴張，到永祿年間長慶病逝前增加和泉、河內、播磨、若狹、丹後、伊予等國部分或大部，總計領有十三國。

依舊征戰不休的長慶隨著權勢的增長，作為他祐筆的松永久秀也因能力卓越深得長慶重用，不知不覺間淩駕在固守四國的三位弟弟之上成為長慶最信任的人。

松永久秀來歷不明，長江正一推斷他是西岡商人出身，與齋

藤道三同鄉（長江正一，《三好長慶》），渡邊世祐認為他出身近江國眾（渡邊世祐，《安土桃山時代史》日本時代史第八卷），莫衷一是。

松永久秀出仕三好長慶前的經歷以及在何時、何種機緣下出仕長慶已無從得知，目前所知是久秀大概在天文二到九年間（一五三三—四〇年）成為長慶祐筆（也寫作「右筆」，武家社會成立後負責公文書、記錄的專職文官）。

長慶取代細川晴元後，久秀順勢成為三好家家宰（與三好氏長年為細川京兆家家宰如出一轍），同時被授予彈正忠（彈正台三等官，置大忠一人、少忠二人），永祿三年二月被授予彈正少弼，由於彈正台唐名「霜台」，故也成為久秀代稱。

久秀大概在永祿二、三年間獲得大和國，該國自鎌倉時代以來不設守護，而由興福寺別當或一乘院、大乘院（皆為興福寺塔頭）兩門跡（接受皇族、貴族子弟出家的寺院或由其擔任住持的寺院，寺格高於一般寺院）行使守護權限，於是興福寺以及從「大和四家（筒井、越智、箸尾、十市四氏，原本皆為興福寺僧兵，散居奈良盆地四周，趁興福寺式微彼此攻伐）」成長起來實質支配大和一國的筒井氏成為久秀入主大和的勁敵。

> 戰·國·小·知·識
>
> **別當**
>
> 可指檢非違使廳、藏人所等令外官的長官或鎌倉時代政所、侍所的長官，也可指東大寺、興福寺或石清水八幡宮、熊野諸社負責寺務社務的長官。

久秀以多聞山城（奈良縣奈良市法蓮町）為本城、信貴山城（奈良縣生駒郡平群町）為支城統治大和。為對抗興福寺僧兵及以筒井城（奈良縣大和郡山市筒井町）為據點的筒井氏入侵，久秀在多聞山城加上長屋形狀的櫓（也寫作「矢倉」、「矢藏」、「兵庫」），在城壁上建造的建物，平時可瞭望各方向以利偵查，戰時可向入侵者射箭或彈藥以利防禦）以防禦來犯敵軍，後世稱此為「多聞（門）櫓」，是以安土城為開端的近世城郭造型之一。

與此同時，處在雲端的三好氏急速墜落，墜落速度之快令人咋舌。永祿三年冬，罹瘡的十河一存前往攝津國有馬溫泉（兵庫縣神戶市北區有馬町）進行湯治。一存在該地與久秀不期而遇，久秀向一存勸告不要騎葦毛（灰色）馬前往有馬溫泉，因有馬權現（有馬溫泉的守護神）不喜葦毛馬。向來厭惡久秀為人的一存無視其勸告而騎葦毛馬進行湯治，結果於永祿四年（一五六一）四月二十三日墜馬而死。

一存墜馬之說出自《足利季世記》《續應仁後記》等書，一存死亡之日為長江正一依位於大阪府堺市堺區南宗寺一存墓碑上的刻字（長江正一，《三好長慶》），年齡介於三十到三十五歲之間。

永祿五年三月五日，三好實休與河內守護畠山高政作戰時為鐵砲命中而死（現大阪府岸和田市的久米田之戰），享年三十七歲（依大阪府和泉市妙泉寺內墓碑內容，長江正一，《三好長慶》）。

永祿六年（一五六三）八月，長慶長男從四位下筑前守義興病倒，公卿勸修寺尹豐雖為其取得在內侍所（也稱為賢所，平安時代以來作為安置八咫鏡的場所）舉行御神樂（在宮中舉行皇室祭儀的神事藝能）以祈求病體痊癒的恩賜。雖如此慎重，義興仍於八月二十五日藥石罔效，得年二十二歲。依《足利季世記》的記載，義興疑似出現黃疸，認為是近侍在食物中下毒之故，並大膽懷疑下毒者是松永久秀（較具史料價值的史書均無記載久秀毒殺說，而《足利季世記》因作者及成書年代不明，較不被視為嚴謹的史料）。

永祿七年（一五六四）五月九日，長慶召喚僅存的弟弟安宅冬康至居城飯盛山城，在那裡命他自盡。軍物語普遍認為長慶受到久秀讒言蠱惑才對冬康起了殺意，但《言繼卿記》內容指出冬康因「逆心惡行」而遭殺害，至於「逆心惡行」是真有其事或是遭人中傷（是否為久秀所中傷）則無明確記載。長江正一認為長慶與冬康的關係和源賴朝與其弟範賴、足利尊氏與其弟直義以及之後的豐臣秀吉與其養子秀次的關係如出一轍（長江正一，《三好長慶》）。

長慶收亡弟十河一存嫡男孫六郎重存為繼承人（時年十六歲，後改名義重、義繼），並指定三好長逸（生父為三好長秀的兄弟，輩分上是長慶叔父）、三好政康（長慶曾祖長之次男長尚一族）、岩成友通（三好氏家臣，也寫作「石成友通」，以上三人即「三好三人眾」）與松永久秀為義繼的後見役。交代完畢後，長慶於同年七月四日病逝於飯盛山城，享年四十三歲。

永祿之變

被任命為後見役的三好三人眾和松永久秀，彼此各懷鬼胎，他們之所以沒有因為爭權奪利而決裂，反而攜手合作是因為有足利義輝這一共同敵人。足利義輝於天文十五年（一五四六）十二月於近江國日吉大社（滋賀縣大津市坂本）元服，繼而將軍宣下，以十一歲之齡成為室町幕府第十三代將軍。

自幼目睹父親淪為權臣（細

領有近畿十三國的三好長慶

川晴元、細川氏綱）爭奪權力的工具，對於權臣的跋扈無能為力的父親只能出亡近江山中，自繼任將軍初始義輝便以恢復將軍威權為職志。雖幾經艱辛，義輝於天文十七年六月離開坂本，回到歷任將軍的住所花之御所（京都市上京區，烏丸通、今出川通交會處附近，也稱為室町第、室町殿）。

不久，三好長慶起兵推翻晴元，落敗的晴元偕義晴、義輝父子出亡近江坂本，義晴、義輝與晴元的對立改為義輝與三好長慶，後者比前者更棘手，實力明顯不如的義輝雖多次挑起攻勢，均難以在京都立足（長尾景虎初次上洛未能見到將軍的原因）。為挽回與長慶對戰的頹勢，義輝以幕府役職作為地方勢力停戰的獎勵，既能收到當事人的忠誠，也能因調停之功將個人甚至幕府的聲望傳播至地方，日後或許能成為自己的助力。

九州的大友義鎮為義輝補任（任命官職或授予位階之意）肥前（天文二十三年）、豐前、筑前（皆永祿二年）三國守護，感激的義鎮向幕府獻上經營料三十萬疋（中世至近世對錢幣的計算方式，一百疋等於一貫，三十萬疋等於三千貫），對義輝個人獻上太刀一腰、馬一頭、石火矢及種子島銃（數量不明），義輝生母慶壽院也獻上經營料三萬疋（杉山博，《戰國大名》）。

第三次川中島之戰義輝也是以同樣方式令晴信（信濃守護）和景虎（關東管領）停戰，還收到景虎率領眾多兵力（不管是《言繼卿記》記載的一千五百人，或是通說的五千人）上洛，越後兵的軍容足以震懾長慶（也包括三好三人眾和松永久秀）。

長慶逝後，努力恢復幕權的義輝成為三好三人眾和久秀的眼中釘，當他們得知阿波國平島公方足利義維有個與義輝年紀相仿的長男（義榮），打倒義輝擁立義榮成為傀儡的想法油然而生。

永祿八年（一五六五）五月十九日，三好三人眾與久秀嫡男久通率八千眾突襲「京公方樣御館」（並非花之御所，而是將原先的武衛家宅邸整修，增加土壘、四方堀。位於御所下立賣御門外，下立賣通與室町通交會處，現為學校法人平安女學院，時名二條御所），儘管義輝師從塚原卜傳（流派為鹿島新當流），並得其傳授奧義「一之太刀」（這應該只見於《軍記物語》，而非事實），但終究寡不敵眾，義輝身旁侍衛盡皆戰死，不願被俘受辱的義輝縱火自盡，享年三十歲。

義輝生母慶壽院、側室小侍從局以身而殉（正室大陽院被送回近衛家，她是慶壽院兄長近衛稙家之女，與義輝是表兄妹）。義輝的兩位弟弟鹿苑院殿周暠、一乘院殿覺慶也成為三好三人眾追殺的對象，由於鹿苑院（相國寺的塔頭）與二條御所只有咫尺之距，周暠也在同日遭到殺害，遠在奈良興福寺一乘院的覺慶雖也遭到監禁，最終乘隙逃脫。

●三好家的衰亡

三好家全盛期	長慶掌權，弟實休、一存、冬康各據地方，統領十三國。
兄弟相繼身亡	1561 年一存墜馬、1562 年實休戰死、1563 年長子義興病亡、1564 年冬康遭逼自盡。
長慶病逝	1564 年病逝於飯盛山城，享年 43 歲，三好政權群龍無首。
三好三人眾與久秀分權	立養子義繼為主，設三好三人眾與松永久秀輔佐，但雙方矛盾重重。
將軍義輝遇害	1565 年永祿之變，三好三人眾與久秀殺害足利義輝，與幕府決裂，政權崩解加速。

走向天下布武之路

戰國之鑰

織田信長崛起之路

信長繼承織田家
←
統一尾張、桶狹間擊敗今川義元
←
歷時六年攻下美濃
←
建岐阜城，推行「天下布武」
←
聯姻德川與淺井
←
擁立義昭上洛

統一尾張

織田信秀病逝後（天文二十年三月或翌年三月），嫡男三郎信長繼承其下四郡領地（也差不多在此時自稱「上總介」），成為當主後的信長在父親的葬禮上做出無禮之舉，對信長舉止失措痛心的家中宿老、同時也是信長傅役的平手政秀切腹向信長死諫。與平手政秀死諫的同年（天文二十二年，一五五三），信長於尾張與美濃交界處的正（聖）德寺（愛知縣一宮市）與岳父齋藤道三會見，服裝得體、行為合宜的舉止讓道三感概自己不成材的兒子們將來只配在城門外為信長牽馬。

平手政秀的死諫與正德寺的會見皆見於最早的信長傳記《信長公記》，且其作者太田牛一（實名信定、通稱又助）跟隨信長數十年，撰寫時秉持「既無故意消除、也無刻意創作」之精神，故成為信長相關戲劇裡反覆上演的橋段而為大眾深信。

然而，《信長公記》有眾多手抄本，原本與手抄本已難以辨認，無法確認這兩件記載究竟是太田牛一的原稿或江戶時代手抄本另行添加的內容，實應審慎看待而非一昧認定為史實。

道三的兒子們只配在城門外為信長牽馬雖無法作為將美濃讓渡信長的證明，至少可視為道三在統一尾張過程中支持信長。拜道三的支持（或在過程中保持中立）之賜，信長得以攻佔據有清洲城（愛知縣清須市）的織田彥五郎（信友）——領有尾張下四郡的大和守家滅亡（至於尾張守護斯波義銀為信長收容，名存實亡），信長在尾張的對手只剩上四郡守護代伊勢守家。

弘治二年（一五五六）四月，道三因長男義龍討伐而死（長良川之戰），信長除失去有力的靠山，還必須面臨家族裡的反抗行為：宿老林通勝、柴

織田信長

田勝家等人企圖擁立信長同母弟信勝（也稱為「信行」）取代信長。稻生一戰（弘治二年八月二十四日）信長擊敗信行，在生母土田御前（出自不確定、實名不詳，信長、信行、信包、阿市的生母）求情下免於一死，林、柴田等將領折服於信長的戰略而歸降。兩年後（永祿元年，一五五八），形單影隻的信勝再度背叛，得不到任何同情的信勝最終命喪信長之手，接著信長與信清（信秀之弟信康長男）聯手攻克以岩倉城（愛知縣岩倉市下本町）為據點的上四郡守護代伊勢守家，流放其最後的當主織田信賢，至此尾張一國幾盡為信長所有。

以《言繼卿記》聞名的公卿山科言繼，在永祿二年二月二日（較前文長尾景虎二次上洛的時間早了二到三個月）記錄以下這段內容：

自尾州上洛的織田上總介云云，人數計有五百人，多為異形者。……

《信長公記》記載的內容是「御伴眾八十人」，與《言繼卿記》的內容頗有出入，對此谷口克廣認為五百名上洛人數應該是御伴眾八十人加上數百名中間（昔時為公家或寺院負責雜役的男性，江戶時代也為武家所用，其身分介於侍與小者之間而得名）。依谷口克廣的解釋，信長上洛實際率領的家臣不足百人，信長率領如此稀少的人力上洛，其目的為何？謁見的對象又是誰呢？

有關謁見的對象，《言繼卿記》和《信長公記》均提及為將軍義輝。至於上洛目的學者間的看法不盡然相同，脇田晴子認為信長的目的為冀求義輝承認他已統一尾張、給予周遭鄰國支配尾張的合法形象，帶有政治性的目的（脇田晴子，《戰國大名》）；谷口克廣認為信長只是將攻下岩倉城取得控制大部分尾張的成果上洛向將軍報告而已（谷口克廣，《信長の天下布武への道》戦争の日本史13）。從上述的敘述可看出兩者的差異在於前者有政治性目的，而後者則無。

信長統一尾張的狀態持續一年多，永祿三年（一五六〇）五月便面臨鄰近的今川義元的挑戰，此即信長成為全國知名人物的關鍵戰役桶狹間之戰。說到桶狹間之戰，目前學術界多認為今川義元發動該役目的並非上洛，而是擴張領地。日後武田信玄上洛前，不斷發出文書縱橫捭闔於上洛必經的各股勢力，或與之交結、或作出承諾將其拉攏，但在今川義元身上似乎看不到這些舉動。三國同盟的簽訂封住了今川義元往東、北方的擴張，向西是唯一的選擇，三河納入版圖後朝尾張擴展對義元是再自然不過了。今谷明採取較為持穩的觀點，認為今川義元固然是為了奪取三尾（三河和尾張），但也不能否定出兵京都的目的是為了援助將軍義輝（今谷明，《戰國時期》岩波日本史第五卷）。

邁向天下布武

桶狹間之戰勝利，信長不僅一舉解除來自東邊的威脅，還因以寡擊眾加強在家臣間的威望，並趁戰勝之威出擊剛失去當主的美濃齋藤氏。道三戰死後，織田與齋藤的同盟宣告破裂，齋藤義龍趁機煽動尾張境內的反信長勢力，如信長異母兄信廣於弘治二年密謀搶奪清洲城（未成，信長事後也饒恕信廣）之舉，上四郡伊勢守家織田信賢與信長的對抗，甚至連信勝的反抗也與義龍不無關係，信長直到永祿四年（一五六一）五月十一日義龍以三十三歲之齡不明病因病逝為止，似乎只能處在被動防禦的局勢。

信長上洛後，義龍也在同年四月跟進（差不多與長尾景虎同時），被任命為御相伴眾，更重要的是義龍當主（家督）地位得到幕府的承認（並非道三承襲的美濃守護代齋藤氏，而是義龍自稱的四職之一一色氏，此舉等於將自己提昇到與美濃守護土岐氏並列甚至凌駕其上的地位）。謀略與外交兼具的義龍，其有生之年令信長難以越過美濃雷池一步。當其死訊傳出，信長立即率軍進入美濃國境，美濃當主是義龍年僅十四、五歲的長男龍興，依常理信長應能輕鬆據有美濃。

最後的勝利者雖是信長，卻歷時六年（永祿四年—十年）才拿下美濃，之間也不乏信長陣營使出的奇謀密計（如墨俣一夜城、居城遷徙至現愛知縣小牧市的小牧山城）。然而，信長也僅取得戰術上的勝利，對於進攻美濃的戰略並無太大進展，由此看來美濃一色氏（尤其是一色左京大夫義龍）並非某些歷史小說描述的有勇無謀。信長這段期間最主要的成果為與曾經是今川氏人質的松平廣忠長男竹千代（元服改名松平元信）締結清洲同盟，不僅解決來自東邊的威脅，甚至還成為之後對抗武田信玄上洛的屏障。

依《信長公記》，永祿十年（一五六七）八月朔日（初一），美濃三人眾稻葉伊予守（良通，法號一鐵）、氏家卜全（實名直元）、安東（藤）伊賀守（守就）同意成為信長的內應，並獻上人質以示臣服。有了美濃三人眾的助拳，信長下令出兵，從稻葉山登上瑞龍寺山，來到井之口町縱火，瞬間燒毀稻葉山城周圍的城垣。八月十五日，美濃各地陸續出現降者，見狀不妙的當主龍興乘船沿長良川而下，逃往伊勢長島，美濃一色氏（齋藤氏）滅亡。

谷口克廣認為《信長公記》只記載八月十五日攻下稻葉山城，而未明文交代年分，永祿十年之說於明治、大正年間陸續出現，成為定說，部分鄉土史學家（谷口未指出是誰）主張攻下稻葉山城的時間為永祿七年（一五六四）（主張此說似乎也沒有明確資料可佐證，谷口克廣，《信長の天下布武への道》戦争の日本史13）。

此時信長為紀念死諫的平手政秀興建的政秀寺開山住持澤彥宗恩（臨濟宗妙心寺派），建議信長仿效周王朝的發祥地岐山，並結合孔子的出生地曲阜，各取一字作為稻葉山下的井之口（非單指稻葉山城）的新名稱，期許此地成為太平與學問之地，於是誕生了新地名岐阜（不過，林屋辰三郎指出岐阜一名已見於室町中期禪僧的詩集、語錄之中，並非信長命名的說法；此外還有信長將古有的「岐阜」改為「岐府」之說）。

此外，在澤彥的建議下，岐阜取代清洲城、小牧山城成為信長的新居城，同時開始使用「天下布武」朱印。關於「天下布武」，普遍解釋為「以武力取得天下、建立武家政權支配天下」，對此必須不斷擴張領土，藉由戰爭以制霸天下、統一天下。然而，對於永祿十年只領有美濃、尾張二國的信長，「藉由戰爭以制霸天下、統一天下」談何容易？因此神田千里認為信長此時應只考慮以武力取得山城、大和、攝津、河內、和泉等五畿內（神田千里，《織田信長》），對照隔年的歷史觀之，神田的詮釋較為合理。

第十五代將軍足利義昭誕生

「永祿之變」當日，義輝么弟——在相國寺出家周暠遭到追擊而來的三好三人眾殺害，另一在奈良興福寺一乘院出家的同母弟覺慶則遭松永久秀的監禁。七月下旬，義輝舊臣細川藤孝、一色藤長（丹後守護一色氏旁系）深入險境將其救出。

獲救的覺慶在藤孝的帶領下輾轉來到近江國甲賀郡投靠和田惟政（因此有和田惟政是甲賀忍者的說法），覺慶在和田惟政的居處發出以足利將軍家當主身分（諷刺的是此時覺慶的身分依舊是興福寺一乘院門跡，而非足利將軍家當主）向各地大名、領主廣發御內書（室町到江戶時代以將軍名義發出的文書類型，最初用於將軍的私人方面，但因具備將軍的花押、署名、手印及日期，因此也逐漸適用於公務方面），其對象甚至遠達九州肥後的相良氏。

當時近江南部守護六角氏當主六角義賢延續父祖（定賴、高賴）庇護足利將軍（義澄、義晴、義輝）的傳統庇護覺慶，將其安置在較繁華且離京都較近的矢島（滋賀縣守山市矢島町，該地因覺慶居住而稱矢島御所），在矢島的覺慶於永祿九年（一五六六）二月還俗改名足利義秋。

義秋希望響應御內書的對象是關東管領上杉輝虎，若他起兵上洛，其軍事才能與關東管領的威望定可擊退三好三人眾，但輝虎苦於越後國內的叛亂（以揚北眾為主的北越國眾）無法抽身。義秋退而求其次寄望擁有越前一國的朝倉氏第五代當主義景身上，然而義景對護送前將軍之弟上洛一事不感興趣，對於義秋的御內書未作出令他滿意的回覆。

永祿九年八月，六角義賢、義治（也寫成「義弼」，義賢長男）父子受三好三人眾利誘，反戈一擊直指矢島御所，在數十名近臣護衛下，義秋先是前往北陸道若狹國投靠外甥武田元明（生母為足利義晴之女），後又投靠若狹東鄰越前朝倉家一乘谷城（福井縣福井市城戶之內町）朝倉義景，朝倉義景將義秋安置在一乘谷城附近的安養寺（福井縣福井市足羽一丁目），永祿十年就在朝倉氏慇懃招待下不愁衣食度過。

進入永祿十一年

（一五六八），義秋先於二月八日得知三好三人眾擁立的競爭者足利義榮（平島公方足利義維長男，輩分上是義秋的堂兄弟）已在攝津國普門寺（大阪府高槻市富田町）得到將軍宣下，成為第十四代將軍。對成為將軍一事尚不死心的義秋，邀請前關白二條晴良前來越前為自己元服，元服後改名義昭（兩者發音相同）。進而義昭仿效亡兄任命六角高賴為管領代的前例，也任命朝倉義景為管領代，希能讓朝倉義景下定上洛的決心。

六月，朝倉義景長男夭折，朝倉就此斷絕上洛意願，義昭只能另覓能協助自己的地方勢力。在越前結識的朝倉氏客將（食客）明智光秀觀察到尾張的年輕領主織田信長，數年間從半個尾張擴張到擁有尾張、美濃二國，並向伊勢北部進軍，光秀認為快速崛起的信長會是義昭上洛的助力，於是光秀以義昭使者的身分前往岐阜城會見信長，明智光秀與細川藤孝後來皆成為信長與義昭間的溝通橋樑。

再把焦點回到信長身上。永祿十年十一月九日，正親町天皇派出敕使勸修寺晴豐來到岐阜，傳達天皇的讚辭：「今度國國屬本意由，武勇之長上，天道之感應，古今無雙之名將。」並趁機提出三點要求：復興皇室在美濃、尾張兩國的御料所（室町時代以後皇室的領地，也稱為御料、御料地、禁裡御料）、負擔誠仁親王（正親町天皇第一皇子，被屬意為次任天皇繼承人，但早正親町天皇而逝，後由其第一王子和仁親王繼位為後陽成天皇）的元服費用以及修繕禁裡。

信秀生前曾於天文九年上洛向朝廷獻金（具體金額不詳，對此朝廷回以授予從五位下備後守的位階官職），此後多次向朝廷獻金並協助修繕御所及伊勢神宮（光是伊勢神宮便捐款四千貫），給皇室、公卿留下尊重朝廷的好形象，朝廷之所以派出敕使前來岐阜與信秀生前的舉動不無關聯。

不過，信長並非被動等待敕使到來，永祿八年起便多次派出使者送禮結交東鄰的武田信玄，不斷向信玄灌輸「信玄公才是最有資格統一日本的天下人」以討其歡心。最終信長與信玄透過子女的婚姻結為親家——認美濃國苗木城（岐阜縣中津川市苗木）主遠山勘太郎（實名直廉）之女（實名不詳，世稱龍勝院，生母為信長之妹）為養女嫁給信玄四男勝賴，永祿十年龍勝院生下勝賴繼承人（之後的信勝）後難產，信長為了持續與信玄的同盟，又提出繼承人奇妙丸（元服時改名信忠）與信玄四女松姬（生母油川夫人）的婚約。

之後，信長與國境西側近江北部新勢力淺井氏第六代當主長政結為親家，其婚配對象也是信長之妹阿市（お市の方，通稱「小谷の方」或「小谷殿」）。不過，阿市出嫁的時間似乎存疑，通說認為阿市於信長攻下稲葉山城後的永祿十年九、十月到翌年四月之間出嫁，隨著與淺井長政生下的長男萬福丸（亦有生母並非阿市的說法）、長女茶茶的生年持續修正，通說的出嫁時間也受到質疑（永祿初年到十一年信長上洛前夕都有）。

和信長搭上線的義昭於永祿十一年七月十三日離開一乘谷城，朝倉義景對義昭的離去感到不快，義昭以「此去前往投靠織田信長，絕非意味就此疏遠朝倉」（渡邊世祐，《安土桃山時代史》日本時代史第八卷）的話安慰他。離開一城谷的義昭途經近江國小谷城（滋賀縣長濱市湖北町伊部），於二十五日抵達岐阜郊外的立政寺（岐阜縣岐阜市西莊三丁目）與信長會面。

經過一個多月的動員準備，永祿十一年九月七日信長率領尾張、美濃、北伊勢以及盟友德川家康（永祿九年十二月，家康為朝廷授予從五位下三河守的同時，改苗字為德川）三河、遠江計超過五萬兵力從岐阜城出發，護送義昭上洛。十二日信長大軍進入六角領包圍六角氏居城觀音寺城（滋賀縣近江八幡市安土町），六角義賢父子事先佈下以箕作城、和田山城（均位於滋賀縣東近江市五個莊山本町）等十八座支城防備織田軍的進攻，但在信長部將佐久間信盛、丹羽長秀、木下秀吉的猛攻下迅速瓦解，六角父子丟下觀音寺城經甲賀逃往伊賀。除了三雲氏、目賀田氏堅決反抗到底外，「六角的六宿老」後藤氏、進藤氏、蒲生氏、平井氏及青池氏、永原氏、永田氏等國人領主紛紛獻上人質向信長降伏，一日多便平定近江南部。

前來馳援六角氏的三好三人眾聽到觀音寺城陷落的消息，立即率軍撤回。九月二十六日，信長從大津經山科、粟田口進京，讓大軍停駐東寺以防在大和國的三好三人眾入侵，安置隨後進京的義昭於清水寺。二十八日信長主動出擊佈陣在勝龍寺城（京都府長岡京市勝龍寺）的岩成友通，將其降伏，然後繼續追擊三好餘黨至攝津國境內，芥川城、越水城、伊丹城、池田城紛紛向信長降伏，三好長逸、三好長治、篠原長房等三好部將選擇退回淡路、阿波，重病在身的將軍義榮來不及撤出病逝（病逝的確切時間及地點有不同說法）。

從上洛（九月二十六日）到畿內底定、義昭將軍宣下（十月十八日），前後不到一個月，速度之快是先前上洛者無人能及，《多聞院日記》（興福寺塔頭多聞院住持歷時三代的日記內容，起自應仁之亂結束，迄於大坂之陣結束，是這段時間畿內局勢的極佳史料）認為「信長上洛帶來前所未有的成果，山城、攝津、河內、丹波、江州（近江）暫時表示服從」。不過，池上裕子指出僅憑這點記載便認為信長飛速平定畿內近國是錯誤的，此次上洛的戰爭是擁戴義昭的信長軍與擁戴義榮的三好三人眾之間的戰爭，信長只是暫將其擊退，未來還會持續與他們征戰。而不少未與三好三人眾結盟的大名和國人之後出仕將軍，其領地也都得到將軍的安堵（中世紀幕府、領主對於土地所有權、領有權、知行權的承認），信長只是在這個基礎上平定前述的五國，而非完全掌控五國境內的武士。

信長正是打出擁戴義昭的旗幟，這些武士（如細川藤孝、明智光秀）、公家、寺社才願意出仕，若非如此，信長恐怕難以在不到一個月的時間內得到豐碩的成果，這正是信長不得不擁戴義昭的最大理由（池上裕子，《織豐政權與江戶幕府》日本的歷史15）。

第四章 革新與創造

南蠻技術與文明的傳入

戰國之鑰

鐵砲與天主教

鐵砲傳入（一五四三）：葡萄牙商人漂流至種子島，日本首次接觸火器。

↓

鐵砲擴散實戰化，各地開始製造、使用鐵砲，長篠之戰成經典戰例。

基督教傳入（一五四九）：耶穌會士沙勿略登陸薩摩，展開傳教。

↓

吉利支丹勢力興起——多位大名受洗，教徒人數迅速增加。

鐵砲傳入

天文十二年（一五四三）八月二十五日，一艘載有百餘人的船隻歷經一晝夜颱風的吹襲，漂流到大隅國南邊一處名為種子島西村小浦（鹿兒島縣西之表市）的海岸上。當地領主西村織部丞來到船隻停靠處一位名為五峰的船上儒生在沙岸進行筆談。

透過筆談織部丞得知船上多為西南蠻種（即西班牙、葡萄牙的南蠻人）商人以及其種種無禮舉止，最後建議五峰可航行至距此十三里（約五十二公里）求見島主尋求更多的幫助。五峰離去後，織部丞立即派人通知口中的島主種子島時堯及隱居的惠時，五峰的船隻於二十七日抵達織部丞指引的赤尾木之津（鹿兒島縣西之表市）時，受時堯之命與五峰筆談的法華宗住乘院僧已等候多時。住乘院僧注意到跟隨五峰上岸的兩位西南蠻種商人手中帶著長約二、三尺，看來頗為沉重的武器。透過筆談住乘院僧要求兩位商人實際操作這武器，並記錄如下心得：

……只要添加一妙藥入武器旁的孔穴裡並點火，對準目標物按下，頓時發出掣電之光、響起五雷轟頂之音，其威力足以粉碎銀山、穿透鐵壁。

這項武器即是日後改變戰爭型態的鐵砲，與織部丞、住乘院僧筆談的五峰並非儒生，而是明人鄭舜功撰述的《日本一鑑》筆下的倭寇頭目王直，當時他正從中國東南沿海前往五島列島（位於長崎縣西部外海，隸屬於長崎縣五島市、南松浦郡新上五島町及北松浦郡小值賀町）的航程中。見識到鐵砲威力的種子島時堯，立刻出錢向西南蠻種商人買下兩挺（以上內容引用自鐵砲傳入後約六十年，種子島家禪僧玄昌撰述的《鐵砲記》，林屋辰三郎，《天下一統》）。

當時流浪到種子島的河內國交野郡津田城（大阪府枚方市津田）主長男津田監物（實名算長，亦有說法指出津田算長出自紀伊國那賀郡小倉莊，是該國根來寺（和歌山縣岩出市根來）子院杉坊明算之弟）不斷向種子島時堯央求，終於得到其中一挺鐵砲。

津田算長回到紀州後找來名為芝辻清右衛門的職人進行拆解、製造，成功仿製出鐵砲，生產的鐵砲交由紀伊國兩大鐵砲傭兵根來眾及雜賀眾，紀州根來寺門前後來還與堺（關於堺開始製作鐵砲有一五四四年和一五八五年兩種主張）、近江國友（滋賀縣長濱市國友町）並列日本三大鐵砲生產地（依鄭舜功《日本一鑑》，薩摩坊津（鹿兒島縣南さ

戰·國·小·知·識

雜賀眾

以現在的和歌山縣和歌山市及海南市為據點的雜賀莊、十鄉莊、宮鄉莊、中鄉莊、南鄉莊等五個莊園的總稱，除了是最有名的鐵砲傭兵外也是中世紀日本首屈一指的地侍集團，宗教信仰為一向宗，以雜賀鈴木氏的勢力最強大，其頭目代代世襲鈴木（雜賀）孫一（市）之名。

つま市坊津町坊）、平戶、豐後等地亦是生產鐵砲之地）。

鐵砲傳入後（亦有天文十一年、十三年、十四年等說），在大名間造成轟動，天文十三年（一五四四）二月，將軍義晴透過管領細川晴元向種子島時堯下令製造並獻上鐵砲，種子島時堯以島津家的身分獻上一挺鐵砲。信長於天文二十二年（一五五三）於正德寺與齋藤道三會見時，依《信長公記》記載隊列中有多達五百挺鐵砲（以當時的情況，《信長公記》可能言過其實），震懾道三及其家臣。另外，永祿二年（一五五九），將軍義輝補任九州戰國大名大友義鎮豐前、筑前守護，義鎮向幕府獻上的饋贈中便有數量不明的鐵砲（據說義輝將鐵砲轉贈給稍後上洛的長尾景虎）。

說到運用鐵砲於實際作戰的戰役，不少人一定會想到天正三年（一五七五）年五月二十一日令武田軍一敗塗地的長篠之役。而最早將鐵砲用於實際作戰的戰役，這點一直以來都有不同見解，這與視「鐵砲用於實際作戰」的定義而有不同的答案，若是扮演戰役關鍵角色並決定戰役成敗，則長篠之戰屬之；若以是否有將領為鐵砲擊斃則永祿五年（一五六二）三月五日，根來眾擊斃長慶二弟實休的久米田之

種子島時堯

戰屬之；若以鐵砲有在戰場上造成傷亡，以往通說以天文二十四年（一五五五）十月一日嚴島之戰為最初，惟，相關史料記載不斷被發現而提前至天文十九年（一五五〇）七月十四日的中尾城（京都市左京區）之戰（交戰雙方為三好長慶與細川晴元，前者獲勝），甚至更早的天文十八年（一五四九）五月二十九日加治木城（鹿兒島縣始良市加治木町）之戰（島津氏將領伊集院忠朗以種子島時堯贈予的鐵砲進攻肝付兼演據守的加治木城）。

天主教傳入

繼鐵砲傳入後，天文十八年（一五四九）八月十五日，一位名為沙勿略（Francisco de Xavier）的耶穌會士與另外兩名神父和僕役一行在薩摩國坊津登陸，九月，前往一宇治城（鹿兒島縣日置市伊集院町）拜見島津貴久。當時，島津貴久即將完成薩摩統一，有意向大隅、日向用兵的他，同意沙勿略提出在領地內傳教以換取貿易利益作為條件。

當島津貴久受到包含島津氏菩提寺福昌寺（鹿兒島縣鹿兒島市池之上町，現為鹿兒島島津家墓所）住持忍室文勝在內的側近影響後改變心意，從同意改為反對傳教。

翌年八月，沙勿略抵達平戶，得到松浦隆信傳教許可的激勵萌生前往首都（京都）傳教的念頭，於是留下夥伴托雷斯（Cosme de Torres）神父在平戶，與另一名神父上京。途經山口謁見統治「小京都」山口城的大內義隆，眼前「小京都」尚且如此繁華，加深沙勿略前往京都請求「皇帝」（應該是將軍）准許傳教的決心。不料，京都近百年受到應仁之亂、兩細川之亂及細川、三好間權力爭奪的兵火摧殘破壞殆盡，反而不如小京都，在避難與溫飽間竭盡心力的市民，顯然沒有聆聽上帝福音的餘裕。

離開京都的沙勿略回到山口，發現當初被留在平戶的托雷斯神父已取得大內義隆的同意在山口傳教，經過約半年傳教吸引超過六百民眾受洗。天文二十年（一五五一）九月，沙勿略聽聞豐後國有葡萄牙船隻出沒的消息後立即趕往該地，受到年輕當主大友義鎮的歡迎，同時得到准許傳教的許可。

沙勿略最終並未留在豐後傳教，而是搭上那艘葡萄牙船前往印度果亞（Goa，當時是葡萄牙殖民地）。天文二十一年（一五五二）十二月，滯留廣東上川島（廣東省江門市），打算從那裡偷渡入中國，結果罹患瘧疾病逝，享年四十六歲。

之後，直到德川秀忠、家光兩位將軍在位期間的禁教令，日本據說擁有教徒數十五萬左右（另有一說為七十五萬，考量當時日本人口約為一千數百萬左右，七十五萬略顯誇張），以及諸如大友義鎮、大村純忠、有馬晴信、高山右近、內藤如安、小西行長、黑田官兵衛等十數名受洗的「吉利支丹大名」，在當時亞非國家中可說無出其右。

●沙勿略的日本傳教之旅

時間	事件	地點
1549	沙勿略登陸薩摩，與島津貴久會面	薩摩坊津
1550	沙勿略前往平戶，萌生上京傳教之意	平戶
	前往京都請求傳教，但無果	京都
1551	回山口與托雷斯傳教，吸引 600 人受洗	山口
	前往豐後，受大友義鎮歡迎與准許傳教	豐後
1552	沙勿略在中國廣東省病逝，享年 46 歲	廣東

內政方面的革新

戰國之鑰

灰吹法與信玄內政

灰吹法傳入石見銀山
←各地銀山開發興起
←武田信玄掌握甲州金壯大財源
←獎賞家臣、打點外交、支持軍事
←建設信玄堤治理水患，展現內政實力

灰吹法

西國首屈一指的礦山石見銀山（島根縣大田市，也稱為大森銀山），據說在鎌倉末期已發現。不過，真正進行開採是在天文二年（一五三三），這年博多商人神屋壽禎（秀吉時期博多豪商兼茶人神屋宗湛曾祖父）帶著兩位據說是從朝鮮（亦有明國的說法）聘來的技術人員宗丹、桂壽，採用新穎的技術使銀與砂石、硫磺等其他雜質分離，再進一步掌握銀和鉛不同熔點的特質將熔點較低的鉛熔掉以提煉純度更高的銀，這種開採銀礦的方法稱為灰吹法。

石見銀山不僅藏量豐富（維新回天之後才告枯竭），礦脈在日本國內算得上精純，加上灰吹法的傳入，足以傲視西國的財富使周遭強權大內氏、尼子氏對石見銀山的歸屬權展開為期十數年的爭奪（第二章提及尼子、大內互相征伐，石見銀山的爭奪是一大因素），最終石見銀山的歸屬落在弘治年間於嚴島合戰獲勝的毛利氏。

為了杜絕石見銀山再次成為爭奪的禍因，毛利氏當主元就藉由貢獻正親町天皇即位料及即位所需的御服費用之機，一併將石見銀山獻給朝廷作為御料所，每年撥出銀山部分收入做為朝廷開支，得到固定收入的朝廷授予元就陸奧守、元就嫡男隆元大膳大夫的官職，幕府則於一年多內先後補任隆元為安藝、備中、備後、周防、長門五國守護。

天文十一年（一五四二），但馬國發現生野銀山（兵庫縣朝來市生野町），灰吹法立刻由石見銀山的礦工傳入，接著在天文十四年（一五四五），肥後國領主相良義滋領內發現宮原銀山（熊本縣球磨郡朝霧町），經鑑定純度不輸生野銀山（脇田晴子，《戰國大名》，但之後再也沒有關於宮原銀山的記錄）。從石見銀山，到生野銀山、宮原銀山，不過十餘年灰吹法便透過這些銀山的開採普及到各地。

十六世紀末期，一種由南蠻人於泉州堺傳授將粗銅與銀分離的精錬法，名為南蠻吹，住友財閥始祖住友政友便是活用南蠻吹提升擁有的別子銅山（愛媛縣新居濱市）的產量，奠定財閥的基礎。

信玄的財源——甲州金

眾所周知，武田信玄是戰國時代屈指可數的謀略家兼戰略家，在他治理下的武田軍深為周遭勢力忌憚，或許因為如此而忽視其內政方面的努力，事實上信玄的內政成績也毫不含糊，甲州金便是其中一例。

甲斐境內擁有諸如黑川（山梨縣甲州市塩山上萩原）、御座石（山梨縣韮崎市）、湯之奧（包含中山、內山、茅小屋等金山，山梨縣南巨摩郡身延町湯之奧）、黑桂、芳（保）山、雨畑（均位於山梨縣南巨摩郡早川町）、十島（山梨縣南巨摩郡南部町）等藏量豐富且質優的金山，隨著信玄領地的擴大，甲斐武田氏控制的金山擴大到信濃、駿河、上野、遠江、飛驒、越中、美濃、三河等地約有近五十座。

現在普遍認為上述金山以黑川和湯之奧兩座最早開採，可溯自信玄祖父信繩甚至曾祖父信昌之時，只是信玄祖父或曾祖父時黃金的產量有限，又受限於開採技術的落後，開採量有限，未能在內政、外交及軍事上發揮作用。

信玄據說延攬不少金山眾（如黑川金山六人眾、芳山七人眾、中山金山十人眾、富士金山二十二人眾、信州金山眾等，據說有些金山眾在戰爭時負責挖地道，但是哪些金山眾、在哪場戰役負責這類任務並不清楚。甚至

灰吹法

連金山眾的來歷以及其具體工作內容也不清楚），配合灰吹法的傳入，金山收入達到前所未有之境，金山眾將在甲斐國境內各地金山開採出的黃金獻給信玄，此即「甲州金」。

甲州金因外觀如碁石，故又稱為碁石金，據說有到一百三十六種之多，當中最有名當屬太鼓判，其他還有古金大判、駒金、細字金、竹流，平均重量為三匁七到八分（約十四公克）（新田次郎、堺屋太一、上野晴朗《風林火山的帝王學 新版武田信玄》）。

雖然甲州金產量可觀，但是並沒有作為領內民眾交易的記錄，換言之，甲州金並不是做為振興武田領內的經濟之用。

那麼，甲州金是為了什麼目的而開採？從現在的記錄來看，甲州金的用途之一為祈求作戰勝利奉納神社佛寺。例如天文十四年（一五四五）二月，當時還以晴信為名的信玄曾向近江國多賀大社（滋賀縣犬上郡多賀町）進獻祛除二十五歲「厄年」的祈願文。至於甲斐境內的寺社，依信玄文書觀之，大多奉獻二兩（像前述提及多賀大社便是奉獻二兩）到十兩，偶爾會到二十兩。

甲州金的用途之二為用於對朝廷或其他勢力在外交方面的進獻，雖然欠缺明文記錄，一般咸信信玄與朝廷（如調停與長尾景虎的紛爭）及幕府的（信濃守護的取得）交涉，還有生涯晚期為上洛的準備應該運用不少甲州金與周遭勢力打點關係。

甲州金的用途之三為對家臣的恩賞或贈答。

《甲陽軍鑑》卷十八收錄一則軼聞：信玄重臣山縣三郎兵衛（昌景）攻略伊豆韮山城時陷入

戰·國·小·知·識

匁（音兩）

室町到江戶時代主要作為銀的通貨單位，室町時代一兩金約等於四點三匁，江戶初期先改為一兩金等於五十匁，中期以後改為一兩金等於六十匁。明治時代匁改為重量單位，一匁為一貫的千分之一等於三點七五克。

苦戰，這時有一位河原村傳兵衛的三河浪人挺身而出，六次擊退增援的城兵。雖然武田軍最終沒能攻下韮山城，河原村立下的功勞仍為信玄肯定，除了當面褒獎外，信玄還給予河原村手抓碁石金的機會（共抓三次）。《甲陽軍鑑》記載河原村三次抓了約三十個碁石金，以前述一個約折合十四公克來算，手上有近四百二十克碁石金。以現在一錢（等於一匁，三點七五公克）九千多的時價，河原村此次出生入死的代價是為自己掙得超過百萬元的賞賜。

天正十年（一五八二）武田氏滅亡後，信玄時期的金山眾為德川家康吸收，為家康的霸業默默付出，當中最具知名度的人物當屬身兼佐渡金山、石見銀山、生野銀山等代官、有「天下總代官」之稱的大久保石見守長安。

戰國具代表性的治水工程——信玄堤

信玄內政另一亮點非信玄堤莫屬。甲斐國是令制國下十三個內陸國（其餘十二國為大和、山城、河內、伊賀、近江、美濃、飛驒、信濃、上野、下野、丹波、美作）之一，是個四面環山的盆地，盆地的中心——也是甲斐國的政治核心——古府中有釜無川（尾白川、塩川、御敕使川合流後的名稱，與笛吹川合流後改稱富士川）、笛吹川流經左右兩側，由於高度落差大，故河流湍急，尤以釜無川與御敕使川交會的龍王村（山梨縣甲斐市龍王，現在的信玄堤公園）受害最深。

天文十一年（一五四二）秋，釜無川大水，龍王村一帶受

戰·國·小·知·識

厄年

日本古代認為男性在二十四歲、四十二歲、六十一歲，女性於十九歲、三十三歲、三十七歲會面臨較多災厄，男女性到了上述年齡稱為厄年。上述年齡的前一年稱為前厄，後一年稱為後厄，尤以男性四十二歲、女性三十三歲是為大厄。

災嚴重。甫於六月放逐生父自立為當主，然後撕毀父親時期與諏訪家同盟盟約朝信濃入侵的信玄以精準的測量土木技術，投入從境內金山開採出的資金、大量的人力以解決長年的洪災。從信玄的舉動來看，在他之前——至遲在信虎時期——武田氏已有治水的舉動，而非通說在信玄之時。

信玄堤完成於何時？似乎沒有明確的史料，柴辻俊六引用笹本正治認為弘治三年（一五五七）左右完成的通說有誤，永祿三年（一五六〇）八月，信玄獎勵民眾遷徙至龍王（柴辻俊六，《信玄的戰略》），並建立由甲斐國一宮淺間神社（山梨縣笛吹市一宮町）、二宮（令制國中社格次於一宮的神社）美和神社（山梨縣笛吹市御坂町）、三宮（社格次於一宮、二宮的神社）玉諸神社（山梨縣甲斐市國玉町）合同的攝社（神社的格式之一，介於本社與末社之間。附屬於本社，祭祀與本社祭神有關連的神明的神社，若位處本社境內稱為境內攝社；反之，若位處境外則稱境外攝社）龍王神社（也稱為三社神社，位於山梨縣甲斐市龍王信玄堤公園），每年四月（原為四月第二個亥日，明治後固定為四月十五日）舉行川除祭（水防祭，正式名稱為大神幸祭，淺間神社主辦）。

信玄堤一舉解決龍王附近多年的水害，在釜無川兩岸及其下游開發出新田，使甲府盆地景觀為之一變。整治釜無川期間（天文十一年—永祿三年），信玄幾乎拿下除了與越後接壤部分外的信濃，並與長尾景虎進行三次軍事接觸，一心兩用的同時兼顧了軍事與內政。

信長內政、軍事方面的特色

戰國之鑰

織田信長的樂市與軍團

信長於美濃實施樂市樂座，打破舊有商業壟斷，促進經濟繁榮
←建立軍團制，授權部將分頭征戰
←自身專注統治與戰略佈局
←軍團長實力壯大，權勢分散
←最終本能寺之變爆發，軍團長內鬥，秀吉脫穎而出

「樂市樂座」

信長的內政因具獨創性而顯得與眾不同，在今日看來甚至超越當代的侷限。例如他不斷改變居城，生於那古野城，攻滅主家尾張守護代（天文二十四年，一五五五）後改以尾張的中心清洲城為居城；永祿六年（一五六三）年為侵攻美濃居城遷徙至小牧山城，攻下美濃後改以岐阜城作為天下布武的據點；天正四年起於北陸、東山、東海三道交界處的近江國築安土城（滋賀縣近江八幡市安土町）。後人多只看到信長不斷遷徙據點，鮮少明瞭此舉實有其戰略、政略的用意。

不過，並非所有信長的內政措施皆為獨創，例如本文將介紹的「樂市樂座」以往認為乃信長獨創，但依現在學者的研究認為近江南部大名六角定賴在天文十八年（一五四九），已在居城觀音寺城（滋賀縣近江八幡市安

比織田信長更早實施樂市的六角定賴

土町）城下町發布樂市令，為信長討取的今川義元長男氏真也於永祿九年（一五六六）在駿河國富士大宮（靜岡縣富士宮市元城町）施行內容大致相同的法令。從所舉二例可看出「樂市令」（或「樂市樂座令」）在信長成為當主之前已在部分地區為戰國大名採用，只是「樂市樂座」透過信長推動才為後人熟知，可說是因信長而聞名。

「樂市樂座」可單獨稱為「樂市」，「樂」有撤除、緩和，使其自由之意。「市」為市場，亦可指市場稅；「座」是指平安時代以降商人或職人等同業者結成的組織，故「樂市樂座」可引申為免除徵收市場稅、撤除同業組織座而使商業自由活絡以吸引各地商人前來買賣之意。

永祿十年（一五六七）十月，信長率先於剛納入領地的美濃國實施「樂市樂座」，比起六角定賴晚了十餘年不說，比今川氏真也晚了一年左右，不過，信長率先實施「樂市樂座」之地並非他期許成為太平與學問之地的岐阜城下町，而是在岐阜城南的加納市場（岐阜縣岐阜市加納西丸町），此時距攻下稻葉山城不過一個多月，由此看來「樂市樂座」應非信長首創。

頒布「樂市樂座」後一年——即信長上洛當月，信長向實施「樂市樂座」的加納市場頒布三條制札（記載禁令或法規等條文，立於路口或寺社境內向民眾布告），第一條內容值得一提，全文如下：「凡在加納市場居住者，可暢行於信長的分國（此時信長控制下的分國為尾張、美濃全部及伊勢北部），免除其借錢、借米償還之義務，免除其敷地（宅地）年貢及諸役。即便世代為奴，只要住於此地便可不受主人干涉。」

第二條內文為「樂市樂座之上諸商賈應做之事。」乍看之下不明所以，對此池上裕子做出「任何人都可以在加納市場自由買賣，且對他們免徵一切稅賦。從前無權在此買賣的人也好，加入『座』的人也好，沒加入『座』的人也好，均可在此經商」的解釋。然而，池上裕子也補充「信長的樂市樂座政策並沒有全面否定『座』，因為該政策僅在特定市場和都市實行」（池上裕子，《織豐政權與江戶幕府》日本的歷史15）。

上述引文透露一項過去較不為人知的訊息：信長的「樂市樂座」並沒有普及於領地，只是限於特定市場和都市而已，信長如此，六角定賴和今川氏真已及其他採用「樂市樂座」的戰國大名也是如此。

第三條內容為「禁止強買強賣、動粗、尋釁滋事、爭吵，信長的使者不得任意進入市場，也不可任意借宿或提出非法要求」。這點尤其可看出信長頒布「樂市樂座」並非為了控制町或是掌控町的財富，因為連信長的使者也不得任意進出，而是單純為了振興因戰火而衰微的美濃經濟，這是信長與其他採用「樂市樂座」的戰國大名不同之處。

帶有不課稅、保證自由及進行和平貿易的政策「樂市樂座」，為信長帶來龐大的經濟利益，是信長經濟實力遠勝其他戰國大名的主因（其領地位於經濟熱絡的京坂地區也是主因，但與領地大小並無絕對關係）。天正五年（一五七七）六月，信長為還在興建中的安土城頒布《安土山下町中掟書》十三條，第一條內容便提及了「樂市樂座」，內容為「此地中，凡被定為樂市

戰·國·小·知·識

掟書

中世紀後期法度形式之一，多用於規範在地領主與土豪，因為經常發布故後來幾乎等同於法令。

者，諸座、諸役、諸公事悉數免除」，將「樂市樂座」置於第一條，不難看出信長對「樂市樂座」帶來成果的重視。

代替信長征戰的軍團制

　信長從上洛到本能寺之變殞命為止，短短十五年間領土從尾張、美濃兩國及伊勢一部分擴張到奄有超過三分之一日本，之所以如此與信長獨特的作戰模式不無關係。

　依《信長公記》的內容，信長的初陣是元服後的隔年——天文十六年（一五四七）——與今川氏的邊境糾紛，從這一刻起到天正三年（一五七五）只要是織田家的戰役，信長無役不與。

　這年十一月信長被授予權大納言兼右近衛大將，獲得做為武家棟樑的名目（源賴朝受封征夷大將軍的前兩年也曾為朝廷授予權大納言兼右近衛大將，因此為朝廷授予這兩職的武士便被視為準武家棟樑），家臣對信長的稱呼從「殿樣（とのさま）」改為「上樣（うえさま）」，至此信長開始步上「天下人（てんかびと）」（和田裕弘，《織田信長的家臣團》）。

　天正四年起，信長參與或指揮戰陣的機會銳減，只剩該年五月因進攻本願寺戰死的大將塙（原田）直政及翌年二、三月間出兵雜賀兩次是最後親自指揮的戰陣，之所以如此可能有不少原因，和田裕弘認為領國的擴大使信長要參與戰役變得困難（和田裕弘，《織田信長的家臣團》）。

　於是信長拔擢數名素有戰功且能力卓越的部將，讓他們以軍團長的身分率軍代替自己向各地進攻，此即軍團制的出現。

　與「樂市樂座」如出一轍，軍團制也非信長首創，毛利家的兩川體制並非只是政治層面，在軍事層面上元就次男吉川元春負責攻略山陰方面，三男小早川隆景負責攻略山陽方面，而由元就（元就病逝後由其長孫輝元）坐鎮居城吉田郡山城，這種布局可說就是信長軍團制的簡略版。甲斐武田氏雖無明確的兩川體制，但信玄的人事布局頗有異曲同工之妙：譜代出身的內藤昌豐（昌秀）鎮守西上野箕輪城（群馬縣高崎市箕鄉町）護衛武田西疆，家老筆頭馬場信春（信房）坐鎮信濃中部深志城（長野縣松本市丸之內），為信玄提拔的譜代高坂昌信（春日虎綱）戍守第四次川中島之戰前夕築成的海津城（長野縣長野市松代町）以防上杉輝虎南下，甲斐武田氏首席猛將山縣昌景入主江尻城（靜岡縣靜岡市清水區江尻町）以防後北條氏的入侵。

當然，論軍團的規模與立下的戰功，毛利兩川體制和武田四名臣不足與信長委任的軍團長們相提並論。

依《織田信長の家臣団——派閥と人間関係》一書，天正四年起信長陸續成立以下七個軍團：

一、織田信忠
二、神戶信孝
三、柴田勝家
四、佐久間信盛
五、羽柴秀吉
六、瀧川一益
七、明智光秀

信忠、信孝分別為信長長男、三男，元服後相繼被任命為軍團長，雖因年輕而無威望與戰功，但在信長尾張時期家老的輔佐下仍做出一定程度的貢獻。七人中以佐久間信盛資歷最深（自平手政秀死諫後，佐久間成為織田家譜代筆頭），信長上洛之後，畿內敵對勢力發動的大小戰役幾乎都有信盛身影，卻在難纏的石山合戰（元龜元年—天正八年，一五七〇—八〇年）結束後換來信長一紙十九條罪名的指責，剝奪其軍團長與譜代筆頭的頭銜流放至高野山（天正十年本能寺之變前數月在該地死去）。

後人熟知的信長軍團為負責

進攻關東的瀧川一益、經略北陸的柴田勝家、以毛利家山陰地方的明智光秀以及毛利家山陽地方的羽柴秀吉，天正四年以後信長增加的領地除消滅武田氏取得的甲斐、信濃、西上野外，可說皆由上述四位軍團長打下，如果依照傳統作戰方式（每役皆由大名親自領兵），信長的版圖也許不是後人看到的樣子。

不過，上述四位軍團長擁有信長半數領地、武將及兵力，隨著不斷累積戰功和聲望，軍團長們的實力不下於信長以外的其他地方勢力。個人野心也因戰功和聲望的累積而滋長、壯大，就算沒有原因至今還難以解明的本能寺之變，難保不會有其他軍團長萌生異心。本能寺之變到翌年賤岳之戰結束可說就是信長底下軍團長間的內戰，最後的勝利者羽柴秀吉一舉消滅其他三位軍團長，也一併接收信長的豐富遺產，加速了日本的統一。

第五章

天下創世期

一五八二年到一五九八年

天下人的轉移

戰國之鑰

本能寺之變

前夕：
信長東征武田、西壓毛利，秀吉進攻備中高松城，明智光秀被調往支援西征。

爆發：
光秀突襲本能寺，信長與嫡子信忠自盡，秀吉聞變後展開「中國大返還」，迅速擊潰光秀於山崎之戰。

收尾：
清洲會議確立織田家繼承人，秀吉擊敗柴田勝家與信孝，接掌信長遺產，奠定問鼎天下之勢。

本能寺之變前夕

天正四年（一五七六）七月十五日，秀吉從滅亡淺井氏獲賜的長濱城（滋賀縣長濱市公園町）出發進京，滯京一年多期間（這段期間歷經信長與上杉謙信的手取川之戰、平定松永久秀謀反的信貴山城之戰）於翌天正五年（一五七七）十月二十三日，以「中國方面軍司令官」的身分率軍出京前往播磨（小和田哲男，《秀吉の天下統一戰争》戰争の日本史15）。

天正五年信長和毛利氏的領地並未接壤，其緩衝地帶在山陰道為但馬國，在山陽道為播磨國，相較於但馬國，位處西國街道及瀨戶內海北岸的播磨國之地理與戰略位置顯得更為重要。播磨國與美作國、備前國原本皆為幕府四職之一赤松氏的領國，應仁之亂後，備前、美作二國為守護代浦上氏奪去（秀吉率軍來此前後，浦上氏的權力為家臣宇喜

多氏取代），播磨東部（兵庫縣姬路市以東）為另一守護代別所氏所奪，僅存置塩城（兵庫縣姬路市夢前町，自第九代當主赤松政則以後的居城）、御着城（兵庫縣姬路市御國野町，赤松氏分支小寺氏居城）及其支城姬路城（兵庫縣姬路市本町）等數城的西播磨。

秀吉中意小寺氏家臣小寺官兵衛駐守的姬路城，以之作為與毛利氏作戰——中國侵攻——的前線，不過，對秀吉而言最大的收穫不止於取得姬路城這一絕佳的前進基地，智謀可與秀吉參謀竹中半兵衛相提並論的小寺（黑田）官兵衛應是更大的收穫（竹中、黑田並稱「兩兵衛」）。

如此一來，播磨幾為秀吉所有，趁勝追擊的秀吉繼續進攻西播磨，直到播磨、備前邊境的上月城（兵庫縣佐用郡佐用町），同時由異母弟秀長率軍征討但馬國攻下竹田城（兵庫縣朝來市和田山町），秀吉不到兩個月便拿下播磨、但馬二國，年末上洛報捷得到信長賜以茶釜「乙御前」（林屋辰三郎，《天下一統》）。

進入天正六年（一五七八），吉川元春、小早川隆景率領毛利軍直指為秀吉庇護並任命為上月城（兵庫縣佐用郡佐用町）主的尼子勝久（新宮黨首領國久長男誠久五男）與尼子家臣山中幸盛（尼子氏家臣，尼子氏滅亡後再興的主要人物）。受毛利大軍壓境的威

明智光秀

脅，原本已降伏的東播磨豪族之首別所氏當主別所長治見狀轉而與毛利氏結盟。為避免骨牌效應擴大，秀吉趕緊於三月發兵包圍別所氏居城三木城（兵庫縣三木市上之丸町），展開長達一年十個多月的三木合戰（也稱為「三木的干殺」）。為儘早攻下三木城，在徵得信長同意後，秀吉撤走在上月城約萬人的駐軍，此舉等於任由上月城自生自滅。

天正六年七月三日，死守上月城三個多月後終於開城投降，尼子勝久一族切腹，曾經領有山陰山陽十一國的尼子氏自此滅亡，山中幸盛在押回吉田郡山城途中遭到殺害。秀吉受到的衝擊不止於此，甚為信長倚重的有岡城（兵庫縣伊丹市）主荒木村重於十、十一月間向當時與信長交戰的本願寺顯如倒戈，信長派出大軍征討歷時年餘平定。如此一來三木城與石山本願寺陷於孤立無援的絕境，進入天正八年後難以為繼而先後降伏。

這年信長的宿敵上杉謙信病逝，放眼日本再無可與信長抗衡的勢力，信長在東邊與失去宿敵後的甲斐武田氏、上杉氏作戰，取得豐碩戰果。天正十年（一五八二）三月，一舉消滅與足利氏同樣系出清和源氏的甲斐武田氏，更奪下原屬上杉氏領地的能登，直逼越中國魚津城、松倉城（均位於富山縣魚津市），春日山城岌岌可危。西邊方面，信長明顯的優勢使控有備前、備中、美作（相當於現在的岡山縣）三國的戰國大名宇喜多直家背棄盟友毛利氏歸附秀吉，秀吉也由此將戰線推進至備中，並以進攻三木城同樣的戰略攻下位於山陰的鳥取城（鳥取縣鳥取市東町，稱為「鳥取城的渴殺」）。

接著秀吉進攻位於備中國的高松城（岡山縣岡山市北區高松），正當信長同意秀吉之請從安土城出發途中經過京都下榻本能寺（此時的本能寺位於京都市中京區元本能寺南町），就在信長準備動身前夕，六月二日清晨應率軍前往支援秀吉的明智光秀突然發兵包圍本能寺，手邊只有百餘名侍從的信長無力回天，便將自己的性命在本能寺晝上句點。

依照通說，信長此次上洛不光是支援秀吉，至少還有「三職推任（太政大臣、關白、征夷大將軍中選擇一適合的官職）」這一目的，但信長對於「三職推任」未做出確切回覆，因而衍生出朝廷拉攏光秀叛變的黑幕說（此外還有多達數十種內幕說），目前學界較傾向種因於信長對四國關係的生變才是本能寺之變發生的主因。

繼承信長霸業

本能寺之變前夕，秀吉剛完成水淹備中高松城，秀吉的計謀在毛利軍看來猶如天將神兵，開始認真考慮秀吉對外交僧安國寺惠瓊提出的「割讓備中、美作、備後、伯耆、出雲五國及高松城主清水宗治切腹以換取保全城兵性命」的提議。六月三日夜裡秀吉得知信長遇害的消息（傳進秀吉耳裡的還有信長長男信忠自盡），翌日清晨秀吉加快與毛利議和的腳步，議和條件放寬至只要清水宗治切腹，還主動送出人質示好毛利。

通說秀吉於六月四日除留下少許留守兵力，當日下午便逐步將軍隊撤出備中返回京都，此即有名的「中國大折返」（中国大返し）。六日，毛利軍才得知本能寺之變的消息，吉川元春雖主張撕毀和約出兵襲擊秀吉背後，然而小早川隆景認為剛簽訂合約不應立即毀約的主張得到毛利多數家臣的支持。

現在的研究認為秀吉與毛利議和並確認完全撤離後，留下部分兵力於六日下午進行撤軍，當夜抵達沼城（岡山縣岡山市東區）。七日早上連趕一晝夜於八日早上進入姬路城。由於姬路城是秀吉進攻毛利氏的據點而存有大量物資，秀吉一入城便將兵糧（八萬五千石）、資金（金八百枚、銀七百五十貫）悉數分配帳下官兵，並讓將兵吃飽喝足休息一整天。九日早上秀吉軍士氣高昂從姬路城出發，歷經兩晝夜趕路於十一日早上抵達尼崎（兵庫縣尼崎市），休息一晚於十二日早上出發，當晚抵達介於大坂和京都之間的富田（大阪府高槻市富田町），京都已在前方不遠處（小和田哲男，《秀吉の天下統一戦争》戦争の日本史15）。

隨著接近京都，秀吉開始積極拉攏信長部將，十一日抵達尼崎立即要求會見織田信孝、丹羽長秀、池田恒興等信長的至親與關係密切的部將，不僅成功爭取到他們加入，甚至連光秀的寄騎（戰國大名家臣團組織中模擬的血親關係，保護者寄親被稱為指南、奏者；被保護者寄子被稱為與力、同心及寄騎）高山右近、中川清秀也拉攏進來。光是上述將領的兵力已超過光秀，再加上秀吉的兩萬多達三萬五千到四萬兵力，秀吉已是勝券在握。

柴田、瀧川這兩位軍團長及其軍團兵力仍在北陸、關東來不及返回，信孝雖是信長三男但手中兵力有限，加上年輕且無顯赫戰功，指揮大軍討伐叛賊光秀的重任自然落在另一軍團長且又是率領最多軍隊專程趕回京都的秀吉身上。

相較於秀吉的意氣風發，光秀則顯得落寞。本能寺之變後他對於包含朝廷、信長部將及其他勢力的發函皆未得到善意且正面的回應，無奈之下只能以現有兵力（約一萬三千）迎戰。在天時（秀吉以飛奔的速度從備中返回京都，快到令光秀猝不及防）、地利（雙方交戰主戰場山崎的制高點天王山被剛投靠秀吉的中川清秀佔領）、人和（不僅信長部將不支持，連光秀的姻親細川藤孝和筒井順慶也保持中立，光秀軍的主力皆為其寄騎）都佔不到便宜情形下的山崎之戰，光秀慘敗也就不意外了。

落敗的光秀在逃回據點近江坂本城途中，於伏見的小栗栖（京都府京都市伏見區小栗栖小阪町）遭到農民手持竹槍刺死（搶奪落敗武將的落武者狩）。光秀發動本能寺之變多少有取信長而代之的心態，然而，事態卻未朝他期待的方向發展，徒然落得背叛主君的惡名，無謀發動本能寺之變成為秀吉更上層樓的墊腳石。

獲勝的秀吉儼然如信長繼承人般主導戰後的領地分配，並推舉織田家的繼承人（清洲會議）。原本地位不分軒輊的柴田、瀧川兩位軍團長因缺席山崎之戰而在會議幾無發言權，柴田中意的信孝也被排除信長繼承人之外，不得不同意秀吉推舉的信忠長男——即信長長孫——三法師（元服後改名秀信）。

秀吉在清洲會議上展現出接收信長遺產的態勢，引起柴田、瀧川及信孝的反感，對秀吉勢力急遽增長的恐懼促使信孝為姑媽阿市和柴田牽線以鞏固彼此同盟，並於九月十二日信長百日忌在妙心寺（京都市右京區花園妙心寺町）與柴田夫婦舉辦信長的法事。聞訊後的秀吉也在十月十五日起於大德寺（京都府京都市北區柴野大德寺町）以養子秀勝（信長四男，信忠、信雄、信孝異母弟）之名舉辦一連數天極盡奢華的信長喪禮（據說耗費超過一萬貫），秀勝名為喪主，實由秀吉操辦一切（林屋辰三郎，《天下一統》）。

趁柴田和阿市返回越前北之庄城（福井縣福井市大手）過冬備戰來年，秀吉搶在雪融之前發兵包圍岐阜城和北伊勢，降伏信孝和瀧川一益，同時並與周遭勢力毛利氏、上杉氏達成和解，以便能在雪融後專注於與柴田勝家的決戰。

天正十一年（一五八三）三月初，儘管北國冰雪尚未完全融化，但為馳援已成強弩之末的瀧川，柴田率軍經近江南下於琵琶湖北岸布陣，一度降伏的信孝和瀧川起兵響應。秀吉再次擊敗信孝和瀧川，並快速行軍（約五小時從美濃大垣移動至近江木之本約五十二公里的距離）至琵琶湖北岸賤岳（滋賀縣長濱市余吳町）附近與柴田軍對峙。沉不住氣的柴田軍部將佐久間盛政率先發難，雖一時取勝卻遇上秀吉的主力，被擊潰的佐久間盛政決定了柴田軍的失敗。

天正十一年四月二十四日，柴田勝家和阿市在北之庄城自焚，秀吉繼承信長的霸業並朝統一天下之路邁進。

平定西國

戰國之鑰

天下統一三步驟

內戰收尾：柴田勝家亡↓信孝切腹↓小牧、長久手之戰挫敗↓議和信雄↓和解家康↓任關白職

西國制霸：征伐根來、雜賀眾↓水淹太田城平定紀伊↓出兵四國↓長宗我部元親降伏↓地位凌駕信長，實質完成本州統一

九州平定：大友宗麟求援↓島津拒絕國分令↓戶次川戰敗後親征九州↓根白坂破島津↓義久剃髮降伏↓九州納入豐臣政權

關白豐臣秀吉

柴田勝家自盡後數日，被帶往尾張的信孝被迫切腹，瀧川一益雖保住一命，但其領地盡遭沒收，對秀吉已不構成威脅。天正十二年（一五八四）新春，信長兒子中以愚庸著稱的次男信雄與秀吉有所齟齬，信雄的三位家老被懷疑與秀吉私通而遭下令切腹，以此為由秀吉於三月與信雄兵戎相見。論才智、聲望與實力，信雄均不如秀吉，於是找來父親生前的盟友德川家康助拳，家康聯繫紀伊的根來眾、雜賀眾、即將統一四國的長宗我部元親、領有越中的佐佐成政，從東西方對秀吉構築一個大包圍網。

秀吉對於包圍網外圍勢力置之不理，專注用兵在信雄和家康上，亦即布陣在尾張境內到三河邊境上。清洲會議後投靠秀吉的信長部將池田恒興突然進攻信雄：攻佔濃尾邊境的犬山城（愛知縣犬山市），家康聞訊立即出

兵進入尾張境內，如此一來，秀吉統一天下過程中最大的挫折——小牧、長久手之戰便於三月中旬從池田恒興與信雄、家康之間展開。

儘管當時大坂城還在興建中，秀吉對雙方長期對峙感到不耐，於是率軍從大坂來到尾張前線。因戰情毫無進展擔憂被責備的池田恒興，在秀吉到來後再三請求深入三河境內作戰，秀吉最後以外甥秀次（秀吉之姊的長男）為主帥的前提下同意所請。結果這支秀次率領的約兩萬軍尚未離開尾張便遭德川軍偷襲，池田恒興、元助父子、森長可戰死，若非殿後的堀久太郎秀政（有「名人久太郎」之稱）指揮得宜，秀次的兩萬軍恐難逃全軍覆沒的下場。

戰場挫敗的消息一傳出，秀吉認為有激勵家康盟友出兵的可能，為免腹背受敵的危機，秀吉不惜採取低姿態向信雄提出議和。信雄雖是此役主要當事人，然而本身作戰意志並不強烈，在秀吉恩威並濟的施壓下同年十一月十五日片面與秀吉達成議和，家康也藉此解套，並送上不得他喜愛的次男於義丸（元服後改名秀康，秀吉統一天下後繼承關東名門結城氏，關原之戰後繼承松平氏）為人質，池上裕子指出，家康送出人質並不意味承認此役的敗北或是向秀吉的臣服（池上裕子，《織豐政權與江戶幕府》日本的歷史15）。

與此同時，秀吉也透過朝廷提升自己的地位。儘管已擊破柴田勝家成為信長的繼承人，秀吉的官職始終只是天正三年七月補任的筑前守，在與信雄議和期間的十月二日，秀吉被授予從五位下左近衛權少將，議和成功後的十一月二十二日改授予從三位權大納言（小和田哲男，《秀吉の天下統一戰爭》戦争の日本史15），躋身公卿之列。

與家康達成和解的秀吉，將接下來用兵的對象定位在曾趁他與家康交戰之際發兵偷襲大坂的紀伊。大軍出征前夕——天正十三年（一五八五）三月十日——秀吉被授予正二位內大臣，以相當於信長的官位（天正六年一月，信長被授予正二位右大臣）從大坂發兵十萬，命秀長、秀次為總大將征討由國人、地侍和宗教勢力組成的自治性組織紀伊國，這可是信長生前未能征服的勢力。

當年信長未能征服紀伊很大原因在於同時間與多起勢力作戰，秀吉集中兵力、武器和物資對上還處在惣村階段的紀伊，不出兩日便攻下紀伊前線千石堀城和積善寺城（皆位於大阪府貝塚市橋本），繼而攻下根來眾的本營根來寺、粉河寺並將其焚毀。紀伊的惣村遭到秀吉大軍的破壞，陸續向秀吉降伏，接著秀吉重施水淹備中高松城的故技，引紀川河水入太田城（和歌山縣和歌山市太田），秀吉的水淹計策使太田城守將束手無策，只能開城投降。秀吉將為首的五十三名雜賀荘、十鄉荘、宮鄉荘、中鄉荘、南鄉荘等五鄉地侍斬首後赦免全城百姓，沒收可用做武器的器械後，百姓的

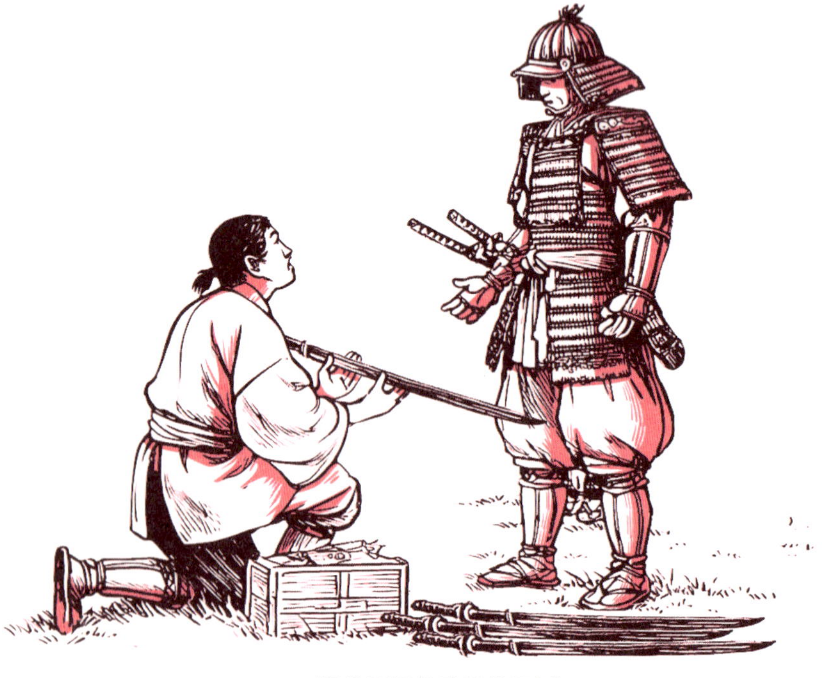

沒收可用做武器的器械

房屋、牲畜、農具等財產予以保全（此為「刀狩令」的原型），並准許他們可以返回原本的村落，信長窮其一生也無法征服的紀伊，秀吉只費時約一月（三月二十一日—四月二十二日）便予以平定。平定後的紀伊，連同大和、和泉一同作為秀吉胞弟秀長的領地（天正十五年秀長被授予從二位權大納言後被稱為「大和大納言」）。

當秀吉用兵紀伊前後，以土佐為據點的長宗我部元親攻下伊予國湯築城（愛媛縣松山市道後湯之町，現道後公園），完成四國統一（元親是否真有統一四國仍有爭議）。在秀吉提出「只要歸順可保有土佐、阿波二國」的談判條件不被接受後，一方之雄的元親成為秀吉六月起用兵的對象。

秀吉原本打算親征，但臨時患病改任秀長為總大將、秀次為副將經淡路島攻入阿波；命宇喜多秀家、蜂須賀正勝、黑田孝高率二萬三千兵從讚岐屋島（香川縣高松市）登陸；命毛利輝元、小早川隆景、吉川元長（元春長男）率三到四萬兵從伊予的新間（愛媛縣新居濱市）、冰見、今治（皆屬愛媛縣今治市）三地登陸，全部兵力介於十萬五千到十二萬三千之間，元親能動員的最大兵力也就四萬，因應秀吉的進攻再分散到三地去（小和田哲男，《秀吉の天下統一戦争の日本史15》），未戰便可分出勝負。

元親將主力分布在讚岐、阿波二國，但在秀吉大軍壓境下，喜岡城（香川縣高松市高松町）、由良山城（香川縣高松市高松町）、財田城（香川縣三豐市財田町，又名本篠城）、植田城（香川縣高松市東植田町，又名戶田城）、木津城（德島縣鳴門市撫養町）、牛岐城（德島縣阿南市富岡町）、一宮城（德島縣德島市一宮町）、岩倉城（德島縣美馬市脇町）紛紛失守，逐漸逼近元親坐鎮的阿波國白地城（德島縣三好市池田町）。

元親眼見開拓疆土的一領具足不敵秀吉的千軍萬馬，不得不接受一宮城主谷忠澄的勸告，於八月六日向秀吉降伏，保全土佐一國。戰後，秀吉將讚岐國賞賜給仙石權兵衛（其中一郡賜給三好實休次男十河存保），阿波國賜給蜂須賀正勝長男家政，伊予國則賜給小早川隆景（安國寺惠瓊、來島通總、得居太郎左衛門各得一郡），元親安堵土佐國，但必須交出三男津野親忠做為人質。總大將秀長於八月二十三日返回大坂，至此秀吉的版圖正式超越信長。

先前為已經七十歲的正親町天皇動工營建仙洞御所（也稱為「院御所」）作為讓位後居所的秀吉，在這一年得到朝廷兩次的回報，一是三月十日授予正二位內大臣，另一為七月十一日再授予秀吉從一位關白。秀吉成為關白多少與二條昭實（時為關白）和近衛信尹（近衛前久長男，時為左大臣，長於書法，與本阿彌光悅、松花堂昭乘並稱「寬永三筆」）的不和有關，近衛有意取代二條成為繼任關白，但厭惡近衛的二條不願拱手讓出。時任右大臣的今出川（菊亭）晴季建議沒能當上征夷大將軍的秀吉（秀吉原本想以足利義昭養子的身分成立幕府，但為義昭堅拒），不妨趁此機會成為近衛信尹生父前久養子，再以近衛家養子身分當上關白。感念秀吉營建仙洞御所的朝廷藉機讓已成為近衛家養子的秀吉成為二條昭實後的繼任關白，於是出現了首位與藤原氏沒有血緣關係的關白（嚴格說來秀吉應為武家關白），歷經三代時間撰寫的《多聞院日記》寫下：「先代未聞之事也！」（林屋辰三郎，《天下一統》）。

平定九州

蒙古入侵（日本稱為「文永、弘安之役」）之時率領九州御家人奮力對抗的少貳氏（本姓武藤，自稱藤原道長後裔，因任官太宰少貳而以官位為苗字），於事後出現當主繼承的爭執，最後由少貳經資勝出成為第三代當主，身兼太宰少貳（朝廷官職，位階為從五位下）和鎮西奉行（鎌倉幕府役職，與大友氏、宇都宮氏、澀谷氏共任，其機關為鎮西探題）二職而擁有崇高聲望的少貳氏，與鎌倉初期便是九州有力御家人的大友氏、島津氏同為九州三強。

大友、島津歷代當主均將庶子分封到領國各地成為一方領主、長男以外的嫡男作為一門眾（領地則委由家臣管理）常住當主居館周遭（不只大友、島津，多數戰國大名也採類似做法），如大友家臣戶次氏、木付氏、一萬田氏、志賀氏、立花氏，島津家臣川上氏、伊集院氏、新納氏、樺山氏、北鄉氏都是其歷代當主的庶子，而少貳氏與大友、島津相比，庶子後裔成為家臣的數量並不多，只有橫岳氏、鍋島氏、馬場氏等少數幾支。

少貳氏因庶子過少以致難以捍衛主家，位處九州核心區域（筑前、肥前）也經常招致大內氏、大友氏等強大勢力的入侵。應仁之亂之前遭大內、大友多次入侵而式微，之後有賴重臣水江城主（佐賀縣佐賀市中之館町）龍造寺家兼奮勇作戰，擊退入侵的大內軍，延續瀕危的少貳氏。

挽救主家免於覆滅的龍造寺，權勢也因此凌駕於主家之上，引起主君及家臣們的忌恨，於是家臣們聯合地方國眾，由重臣馬場賴周使出毒計誅殺家兼長男家純、次男家門及孫子周家（家純長男，家門養子）、純家、賴純（兩人為家純之子）、家泰（家門之子）共六人，龍造寺氏幾乎遭到滅門之禍。

倖存的家兼逃亡到筑後，為柳川城（福岡縣柳川市本城町）主蒲池鑑盛保護。翌天文十五年（一五四六），超過九十歲的家兼從筑後反攻，一路逼近肥前，兼家孫女婿鍋島清房聯合其他不滿馬場的家臣們舉兵響應，馬場賴周及其嫡男遭到殺害（但馬場一族尚存，之後持續與龍造寺氏對抗）。完成復仇的兼家因高齡而逝，逝去之前命出家的曾孫圓月（周家長男）還俗，改名胤信（之後拜領大內義隆名諱，再改名為隆信），此後龍造寺氏取代少貳氏，與大友氏、島津氏並列九州三強。

天文十五年到元龜、天正年間（一五七〇—八六年）表面上大抵維持三強鼎立，實則為大友氏領地日蹙、龍造寺氏盛極而衰、唯獨島津氏一支獨強，最後趨近統一九州。

天正十四年（一五八六）四月，家中棟樑立花道雪在前一年病逝後，大友氏再也無法抵擋島津氏北上的攻勢，大友家當主休庵宗麟前往已竣工的大坂城，願以臣從換取秀吉出兵征討島津氏的懇求。得到秀長「內儀去找宗旦（千利休），公事來找宰相（指秀長，當時官階為從四位下參議，參議的唐名為宰相），便能有所解決」的承諾。秀吉早在宗麟到訪的前一年十月，便以關白身分向島津氏傳遞停戰命令，即將統一九州（除筑前、豐前、豐後部分外其餘盡入島津氏）的島津義久（島津氏第十六代當主）斷然拒絕，持續進攻大友。

勸說無效，秀吉改提「九州國分令」，依此令島津必須吐出薩摩、大隅、日向以外的領地。島津無法接受如此嚴苛的條件，加緊進攻大友在筑前國的領地，不料，在進攻岩屋城（福岡縣太宰府市）時付出慘痛代價，不僅犧牲多達守軍六倍的人數，更費時將近一個月的時間才攻下，拖慢之後的攻城速度不說，更因秀吉的先鋒在九州上陸使得島津軍必須掉頭迎戰而解除立花山城（福岡縣福岡市東區）、寶滿山城（福岡縣太宰府市）的危機，為了迎戰秀吉的先鋒，島津抽調不少兵力前往豐後，給了立花山城城主立花統虎（岩屋城主高橋鎮種（號紹運）的長男，之後改名宗茂）機會收復被奪走的岩屋城。

已在九州東岸上陸的秀吉軍（以就近的四國軍為主），因部隊眾多，軍監仙石秀久與部隊間的協調、溝通不良，反而為島津家久（義久四弟）率領的島津軍擊潰（天正十四年十二月十二日戶次川之戰，長宗我部元親長男信親在此役陣亡）。天正十五年（一五八七）元旦，決意征討九州的秀吉向各大名下達動員令，並於三月一日從大坂城率十八萬大軍親征。

秀長於三月上旬渡關門海峽來到小倉，接著秀吉亦於同月二十五日抵達赤間關，決議由秀長率軍經豐後、日向進攻薩摩，秀吉則從筑前順勢沿筑後、肥後南進至薩摩（小和田哲男，《秀吉の天下統一戦争》戦争の日本史15）。

數量上佔有絕對優勢的秀吉、秀長軍，途經之處所向披靡，各地豪族紛紛開城降伏並獻上人質。四月十七日，為了馳援被秀長包圍的高城（宮崎縣兒湯郡木城町），義久、義弘、家久將三萬五千大軍從集結地都於郡城（宮崎縣西都市）出發，來到高城附近的根白坂迎戰號稱有十五萬的秀長軍。島津氏引以為傲的「釣野伏戰術」失效，島津家臣眼見無法取勝，紛紛獻上人質向秀長降伏，二十九日，高城城主山田有信開城降伏，島津氏的抵抗到此結束。

五月六日，島津義久從日向前往鹿兒島途中在伊集院的雪窓院（鹿兒島縣日置市太田，雪窓院是紀念義久、義弘、歲久三人生母而建的菩提寺）剃髮，以龍伯為號表示恭順之意。八日，穿著墨染之服（染黑之服，亦可指法服、僧服）的龍伯在川內的泰平寺（鹿兒島縣薩摩川內市大小路町）謁見秀吉，秀吉准許龍伯的降伏，九州至此底定（小和田哲男，《秀吉の天下統一戦争》戦争の日本史15）。

戰·國·小·知·識

釣野伏

以一支部隊為誘餌和敵軍作戰，邊戰邊逃誘敵深入。等到敵軍深入後，埋伏四周的部隊再傾巢而出一舉殲滅敵軍，島津氏在擴張過程中的耳川之戰、沖田畷之戰、戶次川之戰皆採此戰術

豐臣政權建立

戰國之鑰

聚樂行幸與天下一統

賜姓「豐臣」、登位關白太政大臣
↓
聚樂第行幸，掌握朝廷與諸侯威望
↓
頒布「惣無事令」，推行全國停戰上洛制度
↓
征四國、滅島津，平定九州
↓
小田原征討，後北條氏滅亡
↓
奧羽仕置，天下統一

聚樂第行幸

天正十四年九月九日，曾蒙秀吉出資建立仙洞御所的正親町天皇賜「豐臣」之姓以回報秀吉的恩情，「豐臣」依右大臣今出川晴季的解釋有「天長地久、萬民快樂」之意（池上裕子，《織豐政權與江戶幕府》日本的歷史15），固然可說是秀吉利用了天皇和朝廷，不過說是秀吉依賴天皇和朝廷或許更為恰當。

十二月二十五日，秀吉被授予太政大臣，此為繼平清盛、足利義滿後，第三位出任太政大臣的武家（追贈不算在內），生父彌右衛門不過是區區足輕的一介百姓（農民）藤吉郎，如今已是堂堂從一位、關白、太政大臣！

承蒙秀吉出資建造仙洞御所的正親町天皇，打算在仙洞御所竣工之日風光讓位給第一皇子誠仁親王。然而，誠仁親王卻在竣工前於天正十四年七月二十四日突然病逝，哀慟逾恆的正親町天皇在同年十一月七日讓位誠仁親王的第一王子和仁親王，是為後陽成天皇。後陽成天皇踐祚時年僅十六歲，未婚，秀吉收近衛前久之女前子（信尹的異母妹）為養女，以秀吉養女身分送進宮中成為後陽成天皇女御（侍於天皇的寢宮，地位在皇后、中宮之下，更衣之上，多出自於內親王、女王或親王、攝關、大臣之女，若為皇族之女則稱為王女御。桓武天皇時立紀乙魚為女御，此為最早的女御，平安中期以後成為常設）。

平定九州返回京都的秀吉，先是假北野天滿宮（京都市上京區馬喰町）舉行不問貴賤（若黨、町人、百姓）、不分國籍（唐人亦能參加）、不拘服裝和席次，只要對茶湯有喜愛之心且能自備茶具者即可參加為期十日的「北野大茶湯」。

秀吉還有千利休、津田宗及、今井宗久這三位被稱為「天下三宗匠」的三位茶湯大師皆參與此次盛會，秀吉甚至還拿出他傲人的「黃金茶室」參加。據說當日與會者超過千人，更有不少人遠從大坂、堺、奈良等地趕來。秀吉刻意營造的不分階級、上下祥和的場景因舉辦當日（天正十五年十月一日）傍晚傳來「肥後國人一揆」的消息戛然而止（秀吉動員九州、四國大名於年底底定，因舉措不當以致引起一揆的肥後國大名佐佐成政於翌年切腹。之後肥後以宇土為界，以北賜給加藤清正，以南賜給小西行長）。

在舉行北野大茶湯之前，秀吉從大坂移入剛竣工作為關白政廳的聚樂第（興建期間為天正十四年二月二十一日到十五年九月十三日，現已不存，原址大致在平安京大內裡，現在的京都市上京區）。聚樂第，也寫成「聚樂亭」、「聚樂邸」（發音接與「第」相同）或「聚樂館」、「聚樂屋敷」（應與其實際性質有關）或「聚樂城」（與其外部建築與城郭相似有關），亦有只寫作「聚樂」。據秀吉的御伽眾大村由己撰述的《聚樂行幸記》，「聚樂」乃「聚長生不老

豐臣秀吉的「黃金茶室」

之樂」之意。

經過長時間縝密的壁畫，天正十六年（一五八八）四月十四日，即位一年多且又是秀吉養女夫婿後陽成天皇從內裡前往聚樂第（聚樂第行幸）。室町時代天皇行幸將軍宅邸並非沒有前例，如後小松天皇便曾多次行幸幕府政廳花之御所（也稱室町第，位於京都市上京區）或是足利義滿隱居的住所北山第（即鹿苑寺，又稱金閣寺，京都市北區金閣寺町）。依大村由己的《聚樂行幸記》，十四日秀吉親自至御所迎接天皇，以關白之尊伺候天皇坐上鳳輦從御所啟程，天皇之後接著是皇太后、女御等女眷及親王、攝家和其他公家。之後依序為內大臣織田信雄，大納言家康、秀長、中納言秀次、參議宇喜多秀家，秀吉在秀家動身後才啟程。在秀吉周遭有侍從前田利家、織田秀信、堀秀政、蒲生氏鄉、細川忠興、池田輝政、織田長益等人，上述公家、武家等要人在六千名武士的隨侍下陸續進入聚樂第，這些人的移動便是十四日行程的全部。

翌十五日秀吉在聚樂第向天皇獻上京都地子銀五千五百三十兩作為禁裡御料所、向正親町上皇及已故陽光院（誠仁親王）第六王子智仁親王（初代八條宮，秀吉猶子，其別邸即有名的桂離宮，故八條宮也稱桂宮）獻上地子米八百石，以近江國八千石領地授予親王及各公卿作為俸祿。秀吉如此出手闊綽其目的不外乎讓天皇對包括家康在內的列席諸大名說出「不可違背關白的命令」，並要他們立誓絕對服從關白。

十六日，秀吉讓列席諸大名向天皇呈上效忠的誓約書，再次保證禁裡御料的知行權和不得違背關白命令（林屋辰三郎，《天下一統》）。藉由讓諸大名尊崇皇室以確保關白的威望，達成此目的的秀吉當晚於聚樂第舉行御和歌會，並對准后（正式名稱為准三后、准三宮，略稱准后，原指給予比照皇后、皇太后、太皇太后的對待，後指給予等同三后的待遇。對象最初限於攝關、皇族，後擴大至後宮、僧徒）勸修寺晴子（誠仁親王女房，後陽成天皇生母，時任武家傳奏的勸修寺晴豐是其同母兄）也獻上御料所。十七日舉行舞樂御覽，連秀吉生母大政所（秀吉與秀長生母，名為仲，秀吉就任關白當日被授予從一位，尊稱大政所，死後獲院號天瑞院）、正室北政所（名寧寧，北政所原指公卿正室，後專指攝關正室。秀吉逝後落飾，朝廷賜院號高台院）聯袂出席，原本預定行幸三日的天皇也因秀吉的款待延後至十八日還幸，此次聚樂第行幸前後長達五日。

聚樂第行幸前一年（天正十五年）的十一月，秀吉向關東霸主後北條氏發出「關東惣（總）無事」令，不到一個月後又於十二月三日對陸奧、出羽二國發出「奧兩國惣無事」令（亦有一說為「關東惣無事」令發布於天正十四年，「奧兩國惣無事」令發布於天正十五年，小和田哲男，《秀吉の天下統一戦争》戦争の日本史15）。

當時已立足關東近百年的後北條氏當主氏政（四代目）、氏直（五代目）不理「惣無事」令，連帶其他關東和奧羽的小勢力也相應不理。

聚樂第行幸結束後的天正十六年五月二十一日，家康以起請文（也稱為誓紙、誓文，初見於平安末期，盛於整個中世。主旨為與人訂立契約時為取信對方，而在日本國內盛行的諸神佛面前立誓的文書，家康在這封起請文最後向梵天、帝釋、四大天王等諸佛以及三島大明神、八幡大菩薩、天滿大自在天神、部類眷屬等眾神起誓）格式要求氏政派出兄弟上洛（通說為秀吉要求氏政、氏直父子上洛，但根據家康此封起請文內容，秀吉應該只要求氏政兄弟中的一人上洛）。後北條氏於天正壬午之亂（天正十年六—十月）後與家康化敵為友結為同盟，翌年八月，家康更將次女督姬嫁與氏政長男氏直而結為親家。這層關係使氏政無法拒絕家康的要求，派出同母弟中能力最優秀的伊豆韮山城主氏規上洛。

天正十六年八月在家康家臣榊原康政陪伴下上洛的氏規，受到秀吉破格招待，二十二日允許他與信雄、家康、毛利輝元、豐臣秀長、宇喜多秀家、上杉景勝、島津義弘等大名同席（小和田哲男，《秀吉の天下統一戦争》戦争の日本史15）。氏規雖是後北條氏一門眾，但終究只是一介城主，竟能與眾大名——當中秀長、家康、輝元還是豐臣政權的核心——同席，不難看出秀吉多麼看重氏規此次上洛，並寄望氏規能將自己的善意傳達至小田原，由此看來，天正十六年八月當下，秀吉應無對後北條氏用兵之意。

氏規上洛向秀吉傳達「沼田的歸屬若不解決氏政便不上洛」，為了讓北條氏政上洛，秀吉思索再三於翌年初做出「沼田領主真田昌幸將三分之二割讓北條，損失的部分從家康的領地彌補」的裁決。北條同意秀吉的裁決，允諾氏政會在年底前上洛。當七月二十一日，沼田城在秀吉、家康的使者監督下移交北條之後，然而，十月二十三日卻發生沼田城（群馬縣沼田市西倉內町）代猪俣邦憲攻佔真田領地名胡桃城（群馬縣利根郡水上町下津）的事件。此事件至今仍有疑點，但無疑成為秀吉出兵小田原的導火線，秀吉先是向北條發出五條朱印狀（宣戰布告狀），進入天正十八年積極向已臣服大名動員，擇定三月一日從京都出兵（循源賴朝任諸國總追捕使之前例）。

後北條氏第三代當主氏康曾有力抗上杉謙信、武田信玄兩位希代名將兵臨城下，最後使其知難而退的經驗，當得知秀吉傾全國之力殺來，認為只要複製先前模式堅守一、兩個月，便能令對方退去。只是今非昔比，如今的當主已非英主氏康，而是被氏康斥為「連吃飯要澆多少湯也不知道，北條家到我這一代就完了」的四代目氏政（這則逸話可能是江戶時代的創作物，而非史實），秀吉是除關東、奧羽外的全國統治者，動員能力（也包含軍械、糧秣）之強大絕非統治一方的謙信、信玄可及。結果是兵容壯大（二十一到二十二萬之間）且軍糧充足（以黃金一萬枚的代價蒐購並輸送二十萬石米至駿河清水、江尻二港，可供應將近一年）；後北條氏則動員約四萬（渡邊世祐，《早稻田大學日本史第八卷安土桃山時代》）或五萬六千（小和田哲男，《秀吉の天下統一戰争》戰争の日本史15）。乍看下這樣的兵力不算少，但必須佈防在西起駿豆國境上的山中城（靜岡縣三島市山中新田）、韮山城，北至箕輪城、沼田城的龐大防線上，兵力被嚴重分散、切割，多數北條家臣對此表現出「小田原評定（大軍壓境雖密集召開評議，卻無法凝聚共識做出是和或戰的決議）」一般的舉棋不定。

在北條君臣召開評定之際，秀吉大軍已在三月下旬越過駿河國境進攻伊豆諸城，也由於小田原方面無法決定是和或戰，讓前線守將無所適從，因此除少數幾座城外，多數在交戰數日後便由守將開城降伏，甚至不戰而降也不在少數。到六月下旬，除韮山、八王子（東京都八王子市元八王子町）、津久井（神奈川縣相模原市綠區）、小田原、忍（埼玉縣行田市）等少數幾座外幾乎都已經降伏。

七月五日，難攻不落的小田原城開城降伏，在此之前八王子（六月二十三日）、韮山（六月二十四日）、津久井（六月二十四或二十五日）都已降伏，僅存的忍城也在七月十七日開城（忍城雖是最後降伏，但該城於六月五日才遭到攻擊，若論抵抗最久的應屬從三月二十九日對抗至六月二十四日的韮山城）。北條氏政、氏照兄弟於七月十一日切腹，重臣松田憲秀、大道寺政繁分別於十七、十八日切腹；二十日氏直與氏房（氏政三男，氏直異母弟）、氏規等三百餘名一門眾及重臣流放高野山（一年多後氏直病逝高野山），至此小田原征討全部結束。

隨後秀吉對尚未控制的奧羽進行再分配（奧羽仕置），安堵該地兩大名門伊達氏（世襲奧州探題）和最上氏（三管領之一斯波氏分支，世襲羽州探題），沒收部分不聽從勢力的領地轉封給親信。翌天正十九年（一五九一）九月，平定奧羽最後的不滿勢力九戶政實之亂後，天下完全納入秀吉的控制之中，自應仁之亂以來的紛亂暫時歸於安定。

第六章

日本的新生

一五九八年到一六一五年

決定天下歸屬的關原之戰

戰國之鑰

豐臣政權的崩潰

體制失衡

秀長病逝後，文治派與武功派矛盾激化；秀吉失去調和者，政權內部裂痕擴大。

外戰內鬥

征朝戰事拖延、損耗民心；秀次事件、幼子天折，秀吉晚年政局混亂，家康趁機擴張勢力。

關原決戰

秀吉死後，三成反家康失敗；關原一戰，西軍潰敗，家康掌權，豐臣名存實亡。

夢還是夢

秀吉政權建立後隨即暴露出致命的缺點：農民出身的他沒有譜代家臣可作為政權的屏障，而且親族一門眾人數過於單薄，這兩點對於豐臣政權的穩定與延續影響至鉅。

秀吉出任中國方面軍團長時麾下有不少武將，此乃信長出於進攻毛利氏的必要而將家臣轉調在秀吉麾下以利指揮（不僅秀吉如此，其餘軍團長亦復如此），是以秀吉與其他編派中國方面軍的武將基本上皆為同僚（差別在於在織田家的階級、地位），除與征討毛利氏相關事務外這些武將並不受秀吉的支配。

天正元年（一五七三）淺井氏滅亡後，淺井氏領有的江北三郡（伊香、淺井、坂田）成為與淺井氏作戰有傑出貢獻的秀吉的新領地。初次擁有領地的秀吉除盡可能擢用淺井氏舊臣（如宮部繼潤、藤堂高虎）外，也積極發掘末出仕淺井氏的在野武將（如田中吉政），由於秀吉出身農民，佔當時人口多數的農民階級也在其搜尋範圍中，因而出現了佐吉（石田三成的幼名）和有名的「三獻茶」逸話。

另外，秀吉還有一批被稱為「子飼い（從幼年時便帶在身邊撫養長大）」的武將，最著名有以下七人：

加藤清正
福島正則
加藤嘉明
脇坂安治
片桐且元
平野長泰
糟屋武則

上述七人除加藤清正、福島正則（加藤生母是秀吉生母的遠親，福島生母則是秀吉生母的妹妹，是秀吉的表弟）外，其餘五人與秀吉並無血緣關係，不過都在幼年時期隨侍出任長濱城主的秀吉，以小姓的身分照料起居。秀吉正室寧寧沒有生育，遂把這些年幼小姓視為己出般撫養。到了秀吉被任命為中國方面軍司令官，上述七人皆已元服，成為秀吉的生力軍與毛利氏作戰，天正十一（一五八三）年賤嶽之戰上述七人以先鋒身分立下戰功而被稱為「賤岳七本槍」」（此名稱初見於江戶初期成書的《甫庵太閤記》，作者小瀨甫庵。另外立功的不只七人，有的書籍加入櫻井家一、石川一光，有的還加入石田三成、大谷吉繼、一柳直末、直盛兄弟等人）。

在秀吉贏得山崎之戰取代織田家之前，上述兩類是秀吉主要的班底，前者因出身近江，且多在秀吉身旁負責內政、財務等事務，因而被稱為「近江派」、「文治派」；後者雖出身地未必相同，然而其共通點為寧寧，在秀吉平定天下的過程中貢獻程度不一的戰功，故被稱為「尾張派」、「武功派」。

至於一門眾方面，秀吉可用之人最初只有異父弟秀長，秀吉和秀長都沒有兒子，因此同母姐日秀的三個兒子秀次、秀勝、秀保因這層關係受到重用，可惜包含秀長在內都早秀吉而逝。

將一門眾延伸到與秀吉沒有直接血緣關係的姻親上（寧寧的族人），則有淺野長吉（長政，寧寧養父的長男）、杉原（木下）家定（寧寧同父母兄長），之後加入淺野幸長（長政長男）及木下勝俊（號長嘯子，是江戶初期的歌人）、利房、延俊、秀俊（秀吉嫡男秀賴出生後成為小早川隆景養子，改名秀秋，是關原之戰的關鍵人物）等人（皆為木下家定之子，亦即寧寧的外甥）。

原本協助秀吉平定各地割據勢力的文治派和武功派，在天下歸於一統後出現隔閡，武功派因戰功獲得領地成為獨立大名，看似獲得重賞實則離開秀吉淡出權力核心；文治派雖未獲得太多領地，但其領地多位在畿內，依舊與秀吉維持密切的聯繫，原本在秀吉心目中地位不分軒輊的文治派和武功派逐漸向前者傾斜。

豐臣政權內能調和兩派對立者首推秀吉之弟秀長，可惜天不假年，在秀吉統一天下隔年（天正十九年，一五九一）一月病逝，之後隨著秀吉繼承人的出生（包括鶴松和秀賴），秀吉對於一門眾的鏟除不遺餘力（秀次事件），文治派成為秀吉的幫兇，與一門眾交好的武功派諸位坐立難安，再也無人調和兩派的對立、衝突。秀吉試著轉移武功派的不滿，於是大動干戈出兵朝鮮（用兵朝鮮的原因很多，調和兩派衝突只是原因之一），不過，受秀吉信任的文治派主導物資分配，處處掣肘在前線出生入死的武功派，反而加深兩派裂痕。

征朝之役（日方最初稱為「入唐」，後稱「朝鮮征伐」或「朝鮮出兵」，現稱為「文祿、慶長之役」；中方稱為「萬曆朝鮮之役」；朝鮮稱為「壬辰倭亂」和「丁酉倭亂」）秀吉最初認為只要拿下李氏朝鮮首都漢城便可迫其降伏，然而朝鮮民間反撲力道遠超乎包含秀吉在內的日軍將領想像，加上明軍的馳援，使得戰爭的結束遙遙無期。

這段期間（天正二十年—慶長三年；一五九二—九八年）發生在秀吉周遭的事物可說件件充

滿打擊（秀次事件、生母大政所去世、鶴松夭折、慶長伏見地震），對秀吉身心耗損甚鉅，在內外打擊下秀吉老弱的軀體不支倒下，慶長三年（一五九八）八月十八日留下「夢還是夢」的辭世於伏見城病逝，享壽六十二歲。

雙方陣營戰前的角力

秀吉亡故後，當下之務為如何迅速且安全撤回朝鮮半島上的日軍，這一事務理應由安排他們前往朝鮮的石田三成、增田長盛等五奉行（豐臣政權體制下實務的擔當者，共有五人故稱五奉行，其負責的政務為淺野長政負責司法方面、前田玄以負責宗教方面、石田三成負責行政方面、增田長政負責土木方面、長束正家負責財政方面）經手，不過，豐臣政權五大老（豐臣政權下最具實力的五位大名，分別為德川家康、前田利家、小早川隆景、毛利輝元、宇喜多秀家。慶長二年小早川病逝後由上杉景勝遞補）之首的家康為拉攏不滿五奉行的征朝諸將（武功派）而與利家聯名向在朝諸將下令撤兵。

該年十一月下旬，日軍才完全從朝鮮撤回，秀吉的死訊也在征朝日軍撤退過程中逐漸傳播開來，家康在這段時間違反秀吉生前「大名之間未得允許不得私自聯姻」（這點日後家康成立幕府也沿用）的規定，與以下大名結為親家：

伊達政宗（家康六男松平忠輝娶政宗長女五郎八姬）

福島正則（家康養女滿天姬成為正則養子正之正室）

蜂須賀家政（家康養女敬台院成為家政長男至鎮正室）

加藤清正（家康養女清淨院成為清正繼室）

黑田長政（家康養女大涼院成為長政繼室）

上述大名當時皆介於三十到四十歲之間，除伊達政宗外均為豐臣政權下具影響力的大名，重要的是這些大名皆厭惡石田三成到恨不得生啖其肉的程度，若將他們拉攏過來便能分化豐臣政權削弱其力，家康再趁虛而入便可取而代之。

無法透過婚姻與家康結為同盟的島津義弘、細川忠興等大名也頻頻造訪（義弘因本家深陷家臣的叛亂而求助家康，忠興是因曾向秀次借款遭文治派追討而由家康墊付），三成無法容忍家康向豐臣大名示恩拉攏的方式，聯合其他文治派於慶長四年（一五九九）一月向另一大老前田利家彈劾家康。

家康雖無懼利家的彈劾，但也看出利家擁有不下於己的聲望，若公然表現出與利家對抗之勢，恐會將拉攏過來的豐臣武將推回去，面對四大老、五奉行派來究責的糾問使，家康因看出利家將不久人世而選擇暫時低頭。

閏三月三日，唯一能抗衡家康的利家病逝（享壽六十一歲）。利家一死，再也無人能庇護三成，武功派的加藤清正、福島正則、黑田長政、細川忠興、淺野幸長、藤堂高虎、蜂須賀家政七位武將（通說七將為前述五人外加池田輝政、加藤嘉明，但笠谷和比古比對《譜牒余錄》等多份史料後認為另兩人應為藤堂、蜂須賀，笠谷和比古，《關原之戰》）隨即包圍三成在大坂的宅邸。事先獲悉的三成在好友佐竹義宣的陪同下逃出大坂，依照通說前往家康在伏見的宅邸尋求庇護，但依笠谷和比古的研究，認為三成是返回伏見城內名為「治部少曲輪」的自家宅邸（笠谷和比古，《關原之戰》）。

雖然三成藏身之處或有不同，但七將追至伏見城不假，在

石田三成

家康的斡旋下三成的人身安全得到保障，但作為交換條件三成必須辭去奉行職務並返回居城佐和山城（滋賀縣彥根市佐和山町）。三成離開後，家康搬進伏見城（要家康住進伏見城乃秀吉遺命，不能依此指責家康僭越），以記載奈良興福寺為主的史料《多聞院日記》聽聞此事記下：「從此家康被看成為『天下殿』」（藤井讓治，《江戶開幕》）。

遷進伏見城的家康開始以天下殿自居，七月，派使者告知參與朝鮮戰役的宇喜多秀家、毛利輝元、加藤清正、細川忠興、黑田官兵衛諸將必須在來年秋冬之際參勤。所謂「參勤」即前來伏見城拜見家康（依秀吉遺命，秀賴居住大坂城），大名不去大坂拜見秀賴卻到伏見拜見家康，外界如何看待正是家康真正的用意。

九月七日家康前往大坂城向秀賴行重陽之禮卻遇上暗殺未遂的事件，家康以此為契機住進大坂城西丸，西丸獨立於城郭其他建築，自成一格（多用作為藩主或城主隱居後的住所），若再加上德川軍的駐防，將有效阻絕暗殺事件再次發生。

十月，家康將企圖暗殺他的土方雄久、大野治長流放到常陸和下野，並解除也是暗殺者之一的淺野長政奉行職務（返回領地甲斐隱居），之後召集諸大名討伐暗殺首謀前田利長。這一樁「家康暗殺未遂事件」整個過程令人起疑，甚至連討伐前田利長（加賀征伐）似乎也只是紙上談兵，卻讓利長嚇出一身冷汗。為表示絕無反叛之意，利長將生母芳春院（利家正室，名為松）送往江戶城當人質（戰國時代交出人質有表示效忠之意，但送出的人質以未成年子女居多，很少以生母作為人質。芳春院是第一個被送往江戶城的豐臣武將人質，之後成為慣例），稍後利長姻親細川忠興（利長同母妹千世為忠興長男忠隆正室）也比照此舉獻上人質三男忠利。

家康暗殺未遂事件或許並非自導自演，但家康借力使力的結果，使五大老中次於家康的前田家完全屈服其下，除了辭職的三成外，其他的大老、奉行對家康破壞體制的行為更是不敢吭聲，秀吉建立的體制在他去世後一年、利家去世後半年已是搖搖欲墜、風中殘燭了。

秀吉在去世那年正月將原本領有越後、越中、佐渡三國的上杉景勝移封至陸奧會津，以取代無法駕馭家中重臣騷亂而遭減封至下野宇都宮的蒲生秀行（氏鄉長男，原本是陸奧會津九十二萬石領地減至下野宇都宮十八萬石）。景勝明白移封會津的使命在於防範伊達政宗和家康（前者尤為要緊），抵達新領地後開始加強國境防衛並於要地修築支城，到慶長三年九月秀吉去世後才上洛奔喪。

慶長五年（一六〇〇）一月景勝家臣藤田信吉向家康告發景勝在領地內積屯大量軍糧兵器，家康遣使責問卻得到對方形同宣戰文告的《直江狀》（有不少學者認為《直江狀》是偽造的，部分學者認為是有限度的偽造，其餘部分是真實的。不管真相為何，《直江狀》的作者直江兼續在關原之戰期間似乎沒有太多作為，許是如此才有偽造之說），家康便以此為契機動員諸大名準備征討會津。家康前次的加賀征伐是假，目的在於使前田利長屈服，利長沒有乃父的聲望及膽識，固然可使他屈服，卻無法滿足家康進一步的野心；遠征會津固然也非家康本願，但此行需耗時數月，畿內不滿勢力（石田三成）必會有所舉動，這才是家康的企求。

六月十八日家康率領家臣團及豐臣武將出征會津，留守伏見城的是三河時期的老臣鳥居元忠，七月二日抵達江戶後家康沒有任何動作只一昧等待留守伏見的鳥居元忠及其他豐臣武將通報畿內動向。另一方面，家康離開畿內後，蟄居的三成動了起來，透過摯友直江兼續聯繫上杉景勝制定東西夾擊家康的計畫，三成將舉兵計畫告知另一摯友大谷吉繼，吉繼不認同三成的計畫，但基於兩人友誼而加入，三成還邀請毛利輝元到大坂以他作為對抗家康的總大將。

通說認為前田玄以、增田長盛、長束正家三位奉行為求自保將三成的計畫洩漏給家康，然而，池上裕子指出在三奉行眼裡家康乃豐臣政權大老，身負鎮壓謀反、保護秀賴之責，拒絕家康之命上洛、在會津負隅頑抗的上杉景勝才是謀反行為，而與上杉計畫東西夾擊家康的三成也是謀反。不僅三奉行有這種想法，連秀賴生母淀殿也是如此看待，家康才能合法化其所作所為並對外宣傳、動員從東到西的各地大名（池上裕子，《織豐政權與江戶幕府》日本的歷史15）。

得到輝元首肯後，三成等人彈劾家康十三條罪狀，並將其寫成書面分送各大名爭取其加入，驅逐家康留守大坂城西丸的守軍並進攻伏見城。當家康於二十四日收到鳥居元忠派來的急使通知三成舉兵的消息，此時正率領征討上杉的大軍駐屯在下野國小山（栃木縣小山市），當日便召開「小山評定」，在福島正則的配合演出下，跟隨家康征討上杉的武將一致通過率軍返回畿內（山內一豐還允諾讓家康進駐他的領地掛川城，這點也得到東海道諸將的同意）。家康讓各地武將沿東海道先行西上，迅速配置留守江戶周遭的兵力以防上杉率軍反撲的佈署後，於九月一日率軍三萬從江戶出發，三成東西夾擊家康的計畫宣告失敗。

決定天下歸屬的一戰

九月十三日，家康經由清洲（時為福島正則領地）進駐上個月底才攻下的岐阜城（城主為天正十年清洲會議時秀吉抱在手上的信忠嫡男三法師秀信），隔日再挺進至岐阜以西的美濃赤坂（岐阜縣大垣市赤坂町），三成等畿內勢力則駐守在美濃赤坂以東的大垣城（岐阜縣大垣市郭町），家康與追隨他征討會津的大名稱為「東軍」，三成與畿內、西國大名稱為「西軍」。當日東、西軍便在雙方據點中間杭瀨川（流經岐阜縣揖斐郡池田町、大垣市、養老郡養老町、安八郡輪之內町，最後注入揖斐川）進行一場小規模的前哨戰，三成家老島左近率領的西軍獲勝。

面對西軍主力所在的大垣城，由於攻城並非家康強項，若要贏得此役唯有將其誘出進行野戰，因此家康放出消息說要丟下大垣城，直接西行進攻三成居城佐和山城。三成獲報後信以為真，不顧當時已是下雨的夜晚，仍下令西軍出城在東軍通往佐和山城的路上佈陣以待，西軍的佈陣之地即是決戰地關原（岐阜縣不破郡關原町）。

東軍也跟在西軍身後於關原佈陣，後到的東軍在地勢上處於不利的位置（明治時代陸軍大學聘請德國陸軍參謀梅克爾（Klemens Wilhelm Meckel）少校作為該校教官，他一看到兩軍的佈陣圖後便斷定勝利屬於西軍，可見地利上西軍是佔有優勢），不過，家康素有「野戰之能手」的稱號，在關原這片原野上指揮作戰比起攻打大垣城無疑是轉劣勢為優勢，而西軍雖占地利之便，然而三成直到開戰前夕仍無法得到西軍諸將全心協力的保證（他們之中多的是「身在曹營心在漢」），西軍的地利因這兩點而消耗殆盡。

十五日上午八時，東軍的松平忠吉（家康四男）、井伊直政率先在濃霧中發難、朝西軍宇喜多秀家陣地開槍（亦有向島津陣地開槍之說），不久，福島正則軍也投入戰爭，關原之戰至此正式開戰（東軍若加上未到陣的秀忠的三萬八千在內約有十一萬以上，西軍則約八萬餘，兩軍總計約十六萬到二十萬之間）。

接著，東軍藤堂（高虎）、京極（高知）、寺澤（廣高）三路迎擊大谷吉繼，織田（長益）、古田（重然）、猪子（一時）、佐久間（安政）、船越（景直）諸隊迎擊小西行長，黑田（長政）、細川（忠興）、加藤（嘉明）、田中（吉政）、竹中（重門）、金森（長近）諸隊則迎擊石田三成。開戰後一個多小時內，東軍已有多支部隊投入作戰，西軍自始只有石田、大谷、小西、宇喜多四支部隊迎戰，其餘不是與家康本人或透過黑田長政與東軍達成中立協定不然就是先行觀望再伺機倒戈。

開戰後雙方竭力爭取的小早川秀秋（領地擁有筑前、筑後兩國將近六十萬石實力），到了中午，一改不為所動（或不知所措）的態度加入東軍（通說為家康命人朝小早川陣地開槍，在槍聲大作下讓小早川下定決心，現在認為開戰前小早川已決定倒向東軍，不存在周旋於兩軍之間的猶豫不決，猶豫的可能是倒戈的時間）。自開戰以來，投入作戰的西軍始終只有石田、大谷、小西、宇喜多四支部隊約三萬兵力，由於沒有替換兵力，到了中午四支部隊已疲累不堪，當小早川一萬五千大軍從西南方松尾山上衝下（周遭的小川祐忠、赤座直保、朽木元綱、脇坂安治四隊跟著倒戈，總兵力來到近兩萬），首當其衝的大谷隊迅速潰滅。大谷隊潰滅後，石田、宇喜多、小西三隊也氣力放盡先後潰敗，四處逃散，這時是下午一時，開戰至今經過約五小時。

主力的四支部隊潰敗後，其他西軍部隊不是趁機向東軍投降，就是撤離戰場，開啟關原第一槍的松平忠吉、井伊直政在追亡逐北時為正要撤退的島津隊擊傷（戰後數年雙雙因槍傷死去），島津沿途雖歷經慘重犧牲，但島津義弘總算安全撤退。

●關原之戰東、西軍比較

	西軍（石田三成陣營）	東軍（德川家康陣營）
主導人物	石田三成	德川家康
將領	宇喜多秀家、石田三成、 小西行長、大谷吉繼	松平忠吉（四男）、井伊直政、福島正則、黑田長政、加藤嘉明、細川忠興、田中吉政、金森長近、竹中重門、織田長益、古田重然、猪子一時、佐久間安政、船越景直、藤堂高虎、京極高知、寺澤廣高、黑田長政
戰中倒戈	小早川秀秋原為西軍，倒戈到東軍	
總兵力	八萬餘	十一萬（含未到場的德川秀忠隊）

下午五時，除了屍體外，關原戰場上再也看不到生存的西軍，家康以勝利者之姿接受東軍諸將前來本陣所在地桃配山的勝利道賀，關原之戰至此全部結束。不過，西軍主力除大谷吉繼戰死外，石田、宇喜多、小西三將仍未捕獲，家康於翌日下令進攻三成居城佐和山城（十七日攻下，三成族人悉數自盡），在掃蕩近江過程中於二十日在大津城遇上因遲到而缺席關原之戰的三男秀忠。小西行長、三成以及毛利家臣同時也極力勸說毛利輝元當上西軍總大將的外交僧安國寺惠瓊在這段期間相繼被捕（十月一日於京都六條河原問斬）。

九月二十七日，毛利輝元交出大坂城西丸並向家康遞交今後再無二心的誓書，輝元此舉等於向家康稱臣，相較原本與家康同為豐臣政權五大老處在對等關係，無疑是自降身分。

關原之戰實際上為家康奪取天下之戰，所以才被稱為「決定天下歸屬的一戰」（「天下分け目の戦い」），但在性質上則為豐臣政權的內戰（交戰部隊除松平忠吉、井伊直政外幾乎都是豐臣政權的武將），

關原之後，家康毫無疑問已是名實相符的「天下殿」，家康為何不在毛利輝元交出大坂城西丸之際，一鼓作氣消滅豐臣氏呢？藤井讓治認為家康在開戰之前拉攏各地武將的書信中多提及大坂奉行眾（石田三成、前田玄以、增田長盛、長束正家）懷有異心，但隻字未提秀賴；戰後與輝元交涉大坂城西丸的移交事項時也提到該役與秀賴毫無關聯，竭力將秀賴排除在關原之戰關係人之外（藤井讓治，《江戶開幕》）。正因家康是以五大老之首的立場，率領豐臣政權武將清除危害政權的石田三成等人，素來不滿三成的武功派才甘於接受家康的調度，並為之奔波出力。若家康表現出要一舉消滅豐臣氏的姿態，恐怕這些與他並肩作戰的同僚會倒戈反向，投到秀賴麾下成為敵人。

結束戰國亂世

戰國之鑰

戰國時代的終結

賞罰分封↓關原戰後，家康大規模沒收西軍領地，擴大直轄地與親藩勢力。

↓

江戶開幕↓家康受封征夷大將軍，建立江戶幕府。

↓

矛盾升溫↓秀忠接位，德川對豐臣加壓。

↓

兩次大坂之陣↓豐臣滅亡↓戰國亂世終結，開啟兩百年和平時代。

江戶幕府成立

進入大坂城後的家康命本多忠勝、榊原康政、井伊直政、本多正信、大久保忠隣、德永壽昌六人調查關原之戰諸將的勳功，十月十五日家康將六人調查的結果公諸於世。所有西軍所屬諸大名不是領地被沒收、減封就是轉封，計有八十八位大名遭到改易，沒收四百十六萬一千八十四石領地。另有毛利輝元、上杉景勝、佐竹義宣等五位大名遭到減封，總計沒收九十三名共六百三十二萬四千一百九十四石，是當時全國總石高的百分之三十四。

六百三十二萬四千餘石中超過八成（五百二十萬餘石）用來安堵豐臣政權大名，其次是擴大直轄地。關原之前家康的直轄地以關東為中心約二百五十萬石，戰後擴大到約四百萬石，並配置郡代、代官，即所謂的天領。剩下的部分給予德川一門和譜代將

士，即之後親藩、譜代、旗本的原型（二木謙一，《關原之戰》）。

乍看之下，得到賞賜的大名中，豐臣政權大名（之後的外樣大名）的石高數遠超一門譜代，前者主要大名如蒲生秀行從下野宇都宮十八萬石移封至陸奧會津六十萬石、黑田長政從豐前中津十八萬石移封至筑前福岡五十二萬石、池田輝政由三河吉田十五萬石移封至播磨姬路五十二萬石、福島正則從尾張清洲二十萬石移封至安藝廣島四十九萬石、細川忠興從丹後宮津十八萬石移封至豐前小倉三十九萬石、淺野幸長從甲斐府中十六萬石移封至紀伊和歌山三十七萬石、田中吉政從三河岡崎十萬石移封至筑後柳川三十二萬五千石。至於後者則有結城秀康（家康次男）從下總結城十萬石移封至越前北庄六十七萬石、松平忠吉從武藏忍十萬石移封至尾張清洲五十二萬石、井伊直政從上野箕輪十二萬石移封至近江佐和山十八萬石。

雖然後者的石高數普遍不如前者（五百二十萬餘石賞給外樣，一門譜代只有一百十二萬餘石），但前者以增加石高的名義被移出東海道與關東，從富饒與位居交通要津之地移往邊陲且相對落後之地，代之的是一門譜代。之後家康進一步將主要都市（江戶、京都、伏見、大津、堺、尼崎、奈良、山田、長崎）港灣、河川、礦山（石見大森銀山、但馬生野銀山、佐渡金山、伊豆金銀山、常陸金山）納入直轄地，加上位處一門譜代的層層保護下，江戶的安全性以及財政基礎皆進一步得到強化。

關原之役隔年正月，秀吉遺孤秀賴於大坂城接受諸大名新年道賀，正月十五日諸大名於大坂城西丸向家康道賀；再過一年（慶長七年，一六〇二），在江戶過完年後家康於二月上洛，三月再前往大坂向秀賴道賀。儘管三月才向主君道賀新年誠意不足，至少這兩年家康還謹守住人臣的本分，到了慶長八年（一六〇三），家康出現微妙的變化。過年前夕，家康對來到他下榻地伏見城等待祝賀的大名們要求先向秀賴祝賀，諸大名只得連夜前往大坂向秀賴道賀，再匆忙趕回伏見。二月八日，家康與去年一樣前往大坂城向秀賴祝賀，就在大坂方面以為家康向秀賴祝賀成為定制之時，十二日家康在伏見城迎接朝廷敕使，敕使為他帶來右大臣（從一位）、牛車禮遇（乘坐牛車通過宮門前往內裡參內的敕許，對象限定於攝關、親王、大臣和大僧正）、源氏長者、兵仗禮遇、征夷大將軍、淳和、獎學兩院別當等六種八通宣旨（笠谷和比古引用《大日本史料》慶長八年二月十二日條，該日敕使分別帶來右大臣、牛車、源氏長者、兵仗等四通外記宣旨，以及征夷大將軍、淳和、獎學兩院別當、源氏長者、牛車等四通官務宣旨，總計八通但只有六種，故稱六種八通。上述六種除右大臣和牛車外，其餘自足利義滿以來為足利將軍家的傳統禮遇，但這些禮遇是逐年賜予的，家康在任職將軍時全部取得是日本史上首次，可參照笠谷氏著作《關原之戰》）。

三月二十一日，家康首次以將軍身分前往御所參內，以將軍身分答謝朝廷的任命將軍。二十七日，家康於剛落成的二條城（現名元離宮二條城，是京都的世界文化遺產，慶長六年五月動工，八年三月十二日竣工）正式將朝廷敕命公諸於世，自信長於元龜四年（一五七三）七月十九日流放足利義昭以來，相隔三十年再次出現幕府政治。

四月二十二日，透過家康的斡旋，朝廷授予秀賴為內大臣（位階正二位），在武家僅次於右大臣家康（整個朝廷也僅次於關白九條兼孝、左大臣近衛信尹）。家康釋出的善意不只如此，七月更讓三男秀忠的長女千姫與秀賴完婚，然而，此舉並非家康釋出的善意，而是履行與已故秀吉的約定。自慶長九年起，已成為將軍的家康不再前往大坂城向秀賴祝賀新年（從一位的家康向正二位的秀賴祝賀不合禮節），諸大名見狀也捨大坂而就江戶，不過，仍有加藤

（清正）、福島（正則）、上杉（景勝）、島津（家久，義弘三男）、前田（利常，利家四男，利長異母弟）等外樣大名執意前往大坂向秀賴祝賀（笠谷和比古，《關原之戰》）。

戰端再起

慶長十年（一六〇五）二月二十四日，秀忠率領十萬軍從江戶出發（沿途加入的關東、甲信地區大名兵力加入，逼近十六萬人），三月二十一日，這支大軍進入伏見城。近一個月後的四月十六日，秀忠在伏見城接受征夷大將軍宣下，成為第二任將軍（讓位後的家康自稱大御所）。秀忠同日並被授予正二位內大臣兼右近衛大將，原內大臣的秀賴在數日前改任右大臣（原任右大臣的家康在成為將軍的同年辭任）。本應繼承關白的秀賴因家康在關原之役後推舉九條兼孝繼任而變得困難，現在家康讓秀忠繼任將軍意味幕府從此將由德川氏世襲，幕府的存在勢必會衝擊到秀賴的權力。果不其然到了五月，家康透過秀吉的未亡人高台院（秀賴名義上的母親）向大坂轉達讓秀賴上洛為秀忠祝賀的請求。家康一連串的作為使前年因斡旋秀賴被授予內大臣及履行與千姬的婚姻而加深彼此的關係出現裂痕，秀賴生母淀君（淺井長政與阿市的長女）為之光火，揚言若秀賴非得上洛的話不惜母子一同

結束戰國亂世的德川家康

自盡。

沉重的氣氛籠罩大坂數日後，家康派出與秀賴年紀相仿的六男忠輝前往大坂安撫秀賴，雙方一觸即發的衝突才為之有所轉圜。不過，這並不表示家康對大坂的施壓有所緩解，慶長十一年（一六〇六），家康向朝廷提出今後若無幕府推舉，不得授予任何武家官位，此舉乃是杜絕其他大名透過豐臣氏取得官位的機會（換言之，讓大名只能對德川氏感恩戴德）。

之後數年家康有計畫動員各地大名新築、修繕德川氏一門及譜代的城郭，家康的命令一出，諸大名即便內心不願也不敢斷然拒絕，江戶城、名古屋城、越後高田城（新潟縣上越市本城町）、駿府城、伊賀上野城（三重縣伊賀市上野丸之內）、福井城、彥根城、膳所城（滋賀縣大津市本丸町）、篠山城（兵庫縣丹波篠山市北新町）等一系列被稱為「天下普請」的新建或加固的城郭陸續完工，鞏固德川氏的統治基礎。

慶長十六年（一六一一）三月十七日，家康以將軍秀忠的名代（代表）身分率領五萬大軍上洛，參與後陽成天皇讓位第三皇子政仁親王。親王踐祚前的二十日，家康透過廣橋兼勝、勸修寺光豐兩位武家傳奏向朝廷要求為九男義利（後改名義直）、十男賴將（後改名賴宣）授予從三位參議兼左近衛權中將、十一男鶴千代（元服後改名賴房）授予正四位下左近衛權少將的官職，這三名家康晚年生下的兒子即後來的御三家。二十二日，家康又透過武家傳奏為德川家始祖新田義重及生父松平廣忠追贈鎮守府將軍與權大納言。

二十七日政仁親王踐祚，是為後水尾天皇（第一〇八代），同日，在織田有樂、片桐且元、大野治長及其他三十餘名小姓的陪伴下從大坂出發的秀賴，在淀（京都市伏見區淀本町）過夜。翌二十八日，秀賴一行從淀出發，於伏見上鳥羽（京都市伏見區竹田向代町）上岸，義利、賴將兄弟已恭候多時，在淺野幸長、加藤清正、池田輝政、藤堂高虎的護衛下，一同前往二條城會見家康，這是秀賴自慶長四年從伏見城遷往大坂城以來秀賴首度上洛（藤井讓治，《江戶開幕》）。

當日便結束在二條城過程不久卻意義非凡的歷史性會面，結束後秀賴參詣紀念先父的豐國神社及重建中的方廣寺（皆位處京都市東山區大和大路正面茶屋町），然後循來時之路返回大坂。此次會面不僅大坂方面人心雀躍，連京畿民眾也振奮不已（池上裕子，《織豐政權與江戶幕府》日本的歷史15）。

四月十二日，家康召集當時在京大名到二條城，要求他們遵守以下三條規定（第二、三條成為日後《武家諸法度》內容的雛形）：

一、遵奉右大將（源賴朝）家以來歷代將軍家制定之法度，並奉行江戶將軍秀忠所定諸法度。

二、不得在領國內藏匿違背法度和忤逆上意之輩。

三、諸大名所招納之武士若犯下謀反、殺人罪者，必追究其責，不可互相包庇。

一共有二十二名北陸、西國的大名在誓紙上署名（翌年範圍擴大到甲信越、關東及奧羽），除松平忠直（結城秀康長男）外不僅都是外樣大名，而且都還是國持大名（指領地擁有一個或一個令制國以上的大名）。

然而，在這次極具意義的歷史性會面以及在家康要求的規定上署名後，淺野長政（簽署前便已病逝）、堀尾吉晴、加藤清正相繼死去；進入慶長十八年（一六一三）又有池田輝政、淺野幸長病逝。這些大名不是豐臣恩顧大名，就是與豐臣氏維持友好關係，這些與大坂保持友好的大名去世後，家康認為消滅豐臣氏的時機已經成熟，於慶長十九年（一六一四）十一月藉口重建的方廣寺大佛鐘銘有對家康不敬的文字（「國家安康、君臣豐樂」），以此為由向大坂宣戰。

諸大名懾於家康的威望與幕府的實力，收到動員令後均不敢怠慢，在關原因隸屬西軍而遭到減封處分的毛利、上杉、佐竹更是不敢不從，除了曾受豐臣恩賞的福島正則、黑田長政、加藤嘉明、平野長泰（前三人為大名，後者為旗本）被家康下令留守江戶外其餘皆受家康動員。同樣也向諸大名發出動員的大坂沒有得到任何回應（有可能響應的大名皆已不在人世）。於是大坂方面改向關原之役遭到改易而淪為浪人的昔日大名、武將動員，他們對家康充滿怨恨，當大坂向他們開出只要擊敗家康便能重新獲得領地，浪人們戴上象徵昔日地位的鎧甲、配上珍貴的名刀及為數不多的下屬朝大坂城為追求夢想而去（如真田幸村、長宗我部盛親、後藤又兵衛、毛利勝永等人）。

由於有在關原遲到而為家康斥責的前例，秀忠從十月二十三日出江戶城後便下令全軍往西狂衝，儘管過程狼狽，總算如期於十一月十日抵達伏見城。經過數日休息後，十五日家康和秀忠分別率領近二十萬雄師從二條城、伏見城啟程，沿奈良、淀朝大坂進軍。十九日，東軍將領蜂須賀至鎮、淺野長晟（長政次男、幸長同母弟）、池田忠雄（輝政六男，生母為家康次女）率先在大坂城西木津川口對西軍開戰，點燃大坂之陣（冬之陣）的戰火。

之後，雙方又出現幾次零星衝突，雖然單次取得的成果有限，但總的下來是逐步逼近大坂城外壕。眼看東軍在大坂城北邊有所斬獲，佈陣在城南的前田利常、松平忠直、井伊直孝（直政次男）按耐不住多次與駐守城南出丸的西軍起衝突，十二月四日，未得家康下令三將便率兵強攻出丸。

戍守出丸的將領，是曾於關原之戰絆住秀忠的已故上田城主真田昌幸次男幸村，出丸雖是大坂城南緣一個突出的扇形城砦，與難攻不落的大坂城相較是較易進攻之點，加之幸村的名氣不若乃父，因而成為東軍將領覬覦的目標。面對三將的搶攻，幸村先是示弱誘敵，再倚恃出丸之險有效打擊敵軍，讓東軍損失慘重（至少折損數千），是西軍在冬之陣甚至包含夏之陣在內整個大坂之陣最大的勝利，此役結束後，出丸因鎮守的幸村改名為真田丸。

家康認為大坂之陣不僅是必勝之役，而且還應是以摧枯拉朽之勢消滅豐臣氏，出丸的敗仗不僅有損德川之威，甚至有可能會動搖東軍諸將的士氣，為了維護將軍的威嚴，家康於八日起派出本多正純（正信長男）、後藤光次（協助家康鑄造幕府通用貨幣的金座當主）與大坂方面代表大野治長、織田有樂協商議和。為加快議和的腳步與主導議和的條件，家康拿出事先從英國、荷蘭商人購買的蛇砲（culverin）朝大坂城天守閣開砲，嚇得淀君主動求和，立場瞬間變得有利於家康。十九日議和成立，在達成保留本丸並破壞二丸、三丸、不讓淀君成為人質而改以大野治長、織田有樂以及不向城中新舊將士問罪等三要件，並向兩御所（家康、秀忠）遞上誓書後東軍撤出大坂城（《歷史群像シリーズ　激闘　大坂の陣》）。

慶長二十年（一六一五）一月十九日，大坂城拆除工事結束，沒有二丸、三丸的屏障，僅存本丸的大坂城稱不上難攻不落，有戰陣經驗的西軍諸將均知日後若再起戰端，西軍必敗無疑。

為防止家康再次挑起戰端，西軍私下恢復已遭破壞的堀和塀，然此舉違反當初議和的內容，京都所司代（關原之役後家康成立維持京都治安的機構，並負有統治京都及監察朝廷、公家及西國大名的重責。從三萬石以上的譜代大名中任命，統轄範圍為畿內五國再加上近江、丹波、播磨共八國）板倉勝重於三月向家康密告，家康遂以此作為向豐臣氏開戰的理由。

四月四日，家康以參加九男義直的婚禮（正室為淺野幸長長女高原院）為由從駿府出發，十二日在義直的居城名古屋城主持婚禮，十五日從名古屋出發前往京都二條城（十八日抵達）。秀忠則於十日從江戶出發，二十一日抵達伏見城後翌日前往二條城與家康召開軍議，該軍議以秀賴必須在清除大坂城內所有浪人或是同意轉封至大和郡山二者中做出抉擇，此可視為家康對大坂的最後通牒，對大坂而言即為開戰的訊息（藤井讓治，《江戶開幕》）。

　五月五日家康從二條城出發經河內前往大坂前線（臨行前家康說過帶足三日分的軍糧足矣），翌日起兩軍進入全面交戰，此役被稱為大坂夏之陣。

　由於大坂城二丸、三丸已在年初議和時拆除殆盡，大坂城成為無險可守的裸城，夏之陣只能以野戰形式進行，而家康素有「野戰能手」的稱號，再加上兵力絕對不利（東軍兵力雖不如冬之陣，但也還有十五萬餘，相較之下西軍僅有五萬五千）因此夏之陣在數日內應會結束。

　六日起西軍在大坂城東南的道明寺、藤井寺（皆隸屬現大阪府藤井寺市）、八尾（大阪府八尾市）、若江（大阪府東大阪市）等地迎戰東軍，西軍人手不足，彼此間缺乏聯繫（或連繫不佳）而各自征戰，後藤又兵衛、薄田兼相、增田盛次（長盛次男）、木村重成等將領戰死。

　五月七日，東軍挺進至大坂城正南方天王寺、茶臼山一帶（大阪市天王寺區、阿倍野區），西軍真田幸村、毛利勝永、明石全登、大野治長等將領迎戰。面對排山倒海而來的東軍，真田幸村不戀戰而是直指約四公里外的家康本陣。雖然衝進家康本陣的幸村一度讓東軍人仰馬翻，但兵力懸殊的幸村及其浪人眾在氣力放盡後敗下陣來，幸村本人也在四天王寺附近的安居神社（大阪市天王寺區逢坂一丁目）結束性命。

　幸村戰死後，西軍再無反撲之力，當日便被東軍攻入城內，翌（八）日，秀賴與淀君在大坂城內自盡，豐臣氏滅亡，自應仁之亂以來歷時一百五十年的戰國亂世宣告結束，日本進入德川氏的治世。翌年（元和二年，一六一六）四月十七日，親手結束戰國亂世的家康在駿府病逝，享壽七十五歲。

家康雖死，但德川體制已穩固，並未像秀吉死後引起紛亂，二代將軍秀忠、三代將軍家光繼續強化德川氏的統治，寬永十六年（一六三九）禁止葡萄牙船隻來日完成鎖國後，直至嘉永七年（一八五三）三月三日簽訂《日美和親條約》（『神奈川條約』）日本持續超過二百年的太平盛世。

●大坂冬、夏之陣

	大坂冬之陣	大坂夏之陣
發生時間	慶長十九年（一六一四）十一月～十二月	慶長二十年（一六一五）五月
攻方	德川家康、德川秀忠	德川家康、德川秀忠
守方	豐臣秀賴、淀君，實戰由真田幸村等指揮	豐臣秀賴、淀君，實戰由真田幸村等指揮
戰場型態	圍城戰、大坂城周邊攻防	野戰為主（因二丸、三丸被毀，城池難守）
關鍵戰役	真田丸之戰（出丸）	天王寺、岡山合戰、道明寺之戰等
結果	議和：保留本丸，拆除二丸三丸，不問既往	東軍攻陷大坂城，秀賴與淀君自盡，豐臣滅亡
特殊事件	家康使用蛇砲攻城，迫使淀君求和	真田幸村突襲家康本陣未果，戰死

戰國簡略年表

年	月	關鍵事件紀要
長享三年（一四八九）	三月	足利義尚在征討近江期間於陣中病逝
延德二年（一四九〇）	一月	足利義政去世
	七月	足利義材（義政弟義視之子）成為第十代將軍
延德三年（一四九一）	四月	堀越公方足利政知病逝，長男茶茶丸弒母殺弟自立
明應二年（一四九三）	閏四月廿五日	足利義材遭到廢黜，改由足利政知之子義澄為第十一代將軍
明應三年（一四九四）	十一月	山城國一揆平定
明應八年（一四九九）	十一月	足利義尹（義材）率北陸道軍進攻京都，在近江遭到擊潰
永正四年（一五〇七）	六月廿三日	細川政元為養子澄之所弒（永正的錯亂）
	八月一日	細川澄之與擁立的家臣被敵對的澄元攻克，自盡
永正五年（一五〇八）	四月十日	背叛細川澄元的細川高國率軍攻入京都，澄元攜義澄亡命近江
	七月一日	足利義尹再度成為將軍
永正八年（一五一一）	八月十四日	足利義澄病逝
	八月廿四日	細川澄元與細川高國在洛北船岡山開戰，澄元敗北逃往四國
永正十七年（一五二〇）	六月十日	細川澄元病逝
永正十八年／大永元年（一五二一）	十一月	義澄長男聰明丸元服，名為義晴（隔月成為將軍）

年	月	關鍵事件紀要
大永三年（一五二三）	四月九日	足利義稙（義尹）病逝
享祿四年（一五三一）	六月八日	細川高國切腹，兩細川之亂結束，澄元之子晴元獲勝
享祿五年／天文元年（一五三二）	六月廿日	遭受淨土真宗信徒包圍的三好元長於顯本寺切腹
	八月廿四日	在世俗與宗教勢力圍攻下，山科本願寺遭到焚毀
天文五年（一五三六）	三月	今川氏輝病逝，因繼承人引起家族鬥爭（花倉之亂），獲勝的梅岳承芳與甲斐武田氏聯姻
	七月	天文法華之亂，日蓮宗在京都的勢力盡毀
天文十年（一五四一）	一月	遠征毛利氏居城吉田郡山城的尼子晴久圍城數月敗北
	六月十四日	在家臣的支持下，武田信虎長男晴信放逐生父自立
天文十一年（一五四二）	三月十七日	三好長慶於太平寺一役討伐殺父仇人木澤長政
	五月	大內義隆率軍包圍月山富田城，歷時四個月後無功而返
	八月	齋藤利政（道三）起兵流放美濃守護土岐賴藝自立
天文十二年（一五四三）	八月廿五日	鐵砲傳入日本
天文十五年（一五四六）	四月廿日	河越夜戰，北條氏康擊破古河公方、山內上杉、扇谷上杉聯軍
	十二月	足利義輝元服並將軍宣下，是第十三代將軍
天文十七年（一五四八）	十二月	越後守護上杉定實調停，越後守護代長尾晴景同意隱居，其弟景虎代之

年	月	關鍵事件紀要
天文十八年（一五四九）	三月六日	松平廣忠因不明原因死去，致松平氏為今川義元併吞
	六月十二日	三好長慶於江口之戰除掉另一殺父仇人三好政長，管領細川晴元擁將軍義輝與前將軍義晴逃往近江
	八月十五日	耶穌會士沙勿略來日，傳入天主教
天文二十年（一五五一）	三月	尾張的實力者織田信秀病逝，嫡男信長繼任
	八月廿八日	大寧寺之變，大內家臣陶隆房叛變，大內義隆自盡
天文廿三年（一五五四）	三月	武田晴信、北條氏康、今川義元於駿河境內善德寺締結甲相駿三國同盟
	十一月一日	尼子晴久肅清家族戰鬥力最強的新宮黨，削弱自身實力
弘治二年（一五五六）	四月	齋藤道三遭到長男義龍討伐而敗死
永祿二年（一五五九）	二月二日	織田信長率領五百人馬上洛
	四到五月間	長尾景虎再次上洛
永祿三年（一五六〇）	五月	桶狹間之戰，信長以寡擊眾討取今川義元
永祿四年（一五六一）	閏三月十六日	長尾景虎於鶴岡八幡宮前繼承山內上杉的苗字及關東管領之職，改名上杉政虎
	九月	第四次川中島之戰，儘管犧牲慘重，武田信玄阻絕上杉政虎對信濃的野心
永祿七年（一五六四）	七月四日	三好長慶病逝於飯盛山城

年	月	關鍵事件紀要
永祿八年（一五六五）	五月十九日	三好三人眾與松永久秀突襲將軍住所，義輝力竭戰死
永祿十年（一五六七）	八月十五日	信長攻下美濃稻葉山城，旋即改名岐阜城
永祿十一年（一五六八）	九月七日	信長率領超過五萬兵力護送足利義昭上洛
元龜四年／天正元年（一五七三）	四月十二日	武田信玄上洛途中病逝
	七月十九日	信長流放足利義昭，室町幕府滅亡
天正三年（一五七五）	五月廿一日	長篠之戰，織田、德川聯軍重創武田軍
天正六年（一五七八）	三月十三日	信長另一宿敵上杉謙信病逝
	七月三日	播磨上月城在毛利的圍攻下降服，城主尼子勝久切腹，尼子一族再興的夙願破滅
天正十年（一五八二）	三月	甲斐武田氏為信長消滅
	六月二日	信長在下榻地本能寺遭到部將明智光秀叛變，無力突圍自盡
	六月十三日	山崎之戰明智光秀敗北，逃亡過程中遭到殺害
	六月廿七日	清洲會義
	六月	天正壬午之亂
天正十一年（一五八三）	四月廿四日	與秀吉作戰落敗的柴田勝家，在北之庄城與阿市自盡
天正十二年（一五八四）	三月	小牧、長久手之戰（同年十一月才全部結束）

年	月	關鍵事件紀要
天正十三年（一五八五）	三月廿一日	秀吉出兵紀伊（隔月平定）
	六月	秀吉對四國用兵（八月六日結束全部戰事）
	七月十一日	秀吉敘從一位關白
天正十四年（一五八六）	十二月廿五日	秀吉敘太政大臣
天正十五年（一五八七）	三月一日	秀吉動員各地大名進軍九州，討伐抗命的島津氏（五月八日戰役結束）
	十月一日	秀吉假北野天滿宮舉行為期十日的北野大茶湯（結果當日便結束
天正十六年（一五八八）	四月十四日	後陽成天皇行幸聚樂第
天正十七年（一五八九）	十月廿三日	北條將領沼田城代猪俣邦憲攻佔真田領地名胡桃城，秀吉大怒，決意討伐北條氏
天正十八年（一五九〇）	三月一日	小田原之陣開始（七月五日開城降伏）
天正十九年（一五九一）	九月	奧羽最後反抗勢力九戶政實之亂平定，天下底定
天正二十年／文祿元年（一五九二）	四月	出兵朝鮮（文祿之役）
文祿四年（一五九五）	七月十五日	秀吉養子秀次切腹
慶長二年（一五九七）	二月	再次征朝（慶長之役）
慶長三年（一五九八）	八月十八日	秀吉病逝伏見城

年	月	關鍵事件紀要
慶長四年（一五九九）	閏三月三日	前田利家病逝
慶長五年（一六〇〇）	六月十八日	家康率豐臣武將前往會津征討上杉景勝
	九月十五日	關原之戰，家康的東軍一日內擊敗西軍獲得勝利
	十月一日	西軍主將石田三成、小西行長、安國寺惠瓊遭到處斬
慶長八年（一六〇三）	二月十二日	家康在伏見城得到將軍宣下，成立幕府，是為初代將軍
慶長十年（一六〇五）	四月十六日	秀忠繼家康後成為二代將軍
慶長十六年（一六一一）	三月廿八日	秀賴與家康於二條城會面
慶長十九年（一六一四）	十一月十九日	家康以方廣寺鐘銘事件為藉口向大坂宣戰（大坂冬之陣）
	十二月四日	東軍進攻大坂城南出丸（真田丸）敗北，此役是整個大坂之陣西軍唯一的勝仗
	十二月十九日	議和成立，雙方暫時休兵
慶長二十年／元和元（一六一五）	五月六日	大坂夏之陣開戰
	五月八日	大坂城破，淀君、秀賴雙雙自盡，豐臣氏滅亡
元和二年（一六一六）	四月十七日	家康病逝，享壽七十五歲

參考書目

日文書籍

1『応仁・文明の乱』/戦争の日本史9　石田晴男　吉川弘文館　二〇〇八年八月
2『畿内・近国の戦国合戦』/戦争の日本史11　福島克彦　吉川弘文館　二〇〇九年七月
3『西国の戦国合戦』/戦争の日本史12　山本浩樹　吉川弘文館　二〇〇七年七月
4『信長の天下布武への道』/戦争の日本史13　谷口克広　吉川弘文館　二〇〇八年四月
5『秀吉の天下統一戦争』/戦争の日本史15　小和田哲男　吉川弘文館　二〇〇六年十月
6『大系日本の歴史7——戦国大名——』/　脇田晴子　小学館　一九九三年一月
7『下剋上の時代』/日本の歴史10　永原慶二　中央公論新社　二〇一六年三月
8『戦国大名』/日本の歴史11　杉山博　中央公論新社　二〇一〇年四月
9『天下一統』/日本の歴史12　林屋辰三郎　中央公論新社　二〇〇八年四月
10『三好長慶』/人物叢書　長江正一　吉川弘文館　二〇〇六年十月
11『風林火山の帝王学　武田信玄』/新田次郎、堺屋太一、上野晴朗ほか　プレジデント社　二〇〇七年十月
12『信玄の戦略——組織、合戦、領国経営』/柴辻俊六　中央公論新社　二〇〇六年十一月
13『関ケ原合戦——戦国のいちばん長い日』/二木謙一　中央公論新社　二〇〇一年六月
14『織田信長の家臣団——派閥と人間関係』/和田裕弘　中央公論新社　二〇〇九年十月
15『関ケ原合戦——家康の戦略と幕藩体制』/笠谷和比古　講談社　二〇一〇年四月

16『激闘　大坂の陣』歴史群像シリーズ／学習研究社　二〇〇〇年五月

中文書籍

1《足利時代》　田中義成　中國畫報出版社　二〇二三年六月
2《早稲田大學日本史第七巻　室町時代》　渡邊世祐　華文出版社　二〇二〇年九月
3《早稲田大學日本史第八巻　安土桃山時代》　渡邊世祐　華文出版社　二〇二〇年七月
4《岩波日本史第五巻　戰國時期》　今谷明　新星出版社　二〇二〇年六月
5《織豐政權與江戸幕府：戰國時代》　日本的歴史7　池上裕子　文匯出版社　二〇二一年五月
6《江戸開幕》　藤井譲治　社會科學文獻出版社　二〇一八年十一月
7《應仁之亂：催生日本戰國時代的大亂》　吳座勇一　遠足文化　二〇二〇年一月

從幕末到戰國

繼《一本就懂日本幕末》後，再以數月時間寫完《一本就懂日本戰國》，最終以完成兩部著作結束二〇二四年。

近十年我的作品都集中在幕末這個時期，幾乎沒有再碰觸過戰國這一主題，當然希望有機會再來談談戰國，在二〇二二年初時以前合作過的編輯銘桓向我邀稿，當時我坂本龍馬的傳記完成在即，便一口答應下來。

之後歷經父親往生以及一些個人的私事，拖到去年下半年後才開始先動筆《一本就懂日本幕末》，畢竟近十年持續筆耕幕末，下筆較有自信也就早早完成。筆耕幕末這十年，國內出版不少關於戰國的作品，加上購買的日文著作，在動筆本書時都派上了用場。

由於是一本就懂的性質，對於戰國時代不鉅細靡遺只挑重點論述，雖然如此還是遺漏不少重點；細節也不追究深入（真要如此十倍字數也不夠），對於部分的以訛傳訛或後人認為的通說，在能力範圍內予以澄清，希望能給讀者較為好讀、易讀的戰國書籍。

國家圖書館出版品預行編目資料

一本就懂日本戰國 / 洪維揚著 . -- 初版 . -- 臺中市
: 好讀出版有限公司 , 2025.08
面； 公分 . -- (一本就懂 ; 37)

ISBN 978-986-178-758-9(平裝)

1.CST: 日本史 2.CST: 戰國時代

731.254 114006758

好讀出版

一本就懂 37

一本就懂日本戰國

作　　者／洪維揚
繪　　圖／許承菱
總 編 輯／鄧茵茵
文字編輯／莊銘桓
美術編輯／鄭年亨
發 行 所／好讀出版有限公司
臺中市 407 西屯區何厝里 19 鄰大有街 13 號
TEL:04-23157795　FAX:04-23144188
http://howdo.morningstar.com.tw
（如對本書編輯或內容有意見，請來電或上網告訴我們）

讀者服務專線／ TEL：02-23672044 / 04-23595819#213
讀者傳真專線／ FAX：02-23635741 / 04-23595493
讀者專用信箱／ E-mail：service@morningstar.com.tw
網路書店／ http : //www.morningstar.com.tw
郵政劃撥／ 15060393（知己圖書股份有限公司）
印刷／上好印刷股份有限公司
如有破損或裝訂錯誤，請寄回知己圖書更換

初版／西元 2025 年 8 月 15 日
定價：350 元

Published by How Do Publishing Co., Ltd.
2025 Printed in Taiwan
ISBN 978-986-178-758-9